# 你的教育为什么失败

## ——30个典型案例分析与对策

主编 ◎ 隋恒臻 王文芳

副主编 ◎ 张振洋 陈鹏花 庞兴强

天津出版传媒集团

天津教育出版社

TIANJIN EDUCATION PRESS

**图书在版编目（CIP）数据**

你的教育为什么失败：30个典型案例分析与对策 /
隋恒臻，王文芳主编. -- 天津：天津教育出版社，
2019.10

（教学影响力与班级新管理）

ISBN 978-7-5309-8345-4

Ⅰ.①你… Ⅱ.①隋…②王… Ⅲ.①中小学—教学
研究 Ⅳ.①G632.0

中国版本图书馆 CIP 数据核字（2019）第236339号

你的教育为什么失败——30个典型案例分析与对策

| | |
|---|---|
| 出 版 人 | 黄　沛 |
| 主　　编 | 隋恒臻　王文芳 |
| 选题策划 | 杨再鹏　王俊杰 |
| 责任编辑 | 吕　燚　张　颖 |
| 装帧设计 | 郝亚娟 |

| | |
|---|---|
| 出版发行 | 天津出版传媒集团<br>天津教育出版社<br>天津市和平区西康路 35 号　邮政编码：300051<br>http://www.tjeph.com.cn |
| 经　　销 | 全国新华书店 |
| 印　　刷 | 三河市人民印务有限公司 |
| 版　　次 | 2019 年 10 月第 1 版第 1 次印刷 |
| 规　　格 | 16 开(710 毫米×960 毫米) |
| 字　　数 | 200 千字 |
| 印　　张 | 11 |
| 定　　价 | 42.00 元 |

# 前言
## Foreword

改革开放以来，中国教育改革发展取得显著成就。我国教育正加速从"有学上"向"上好学"转变，进入"以提高质量和效益为中心"的内涵发展新阶段，教育系统进一步树立科学的育人观，坚持正确导向，强化思想引领和价值塑造，突出教育教学，提高教师能力素质，树立以促进人的全面发展、适应社会需要为根本标准的教育质量观，健全以提高教育质量为导向的管理制度和工作机制，内涵发展不断深入。

越来越多的教育者意识到，培养适应民族复兴、大国崛起的一代新人，需要教育"强基固本"。坚持社会主义办学方向，深入培育和践行社会主义核心价值观，加强理想信念教育、爱国主义教育、中华优秀传统文化教育和革命传统教育，使之进教材、进课堂、进头脑，一批批优秀人才茁壮成长。

人才培养质量如何，教师是关键。我们的教师队伍建设持续加强，成为教育质量提升的关键支撑。师德建设长效机制初步建立，涌现出张丽莉、李保国、黄大年等一大批优秀教师。教师队伍素质能力整体提升。

毋庸讳言，在教育实践中，课堂教学、班级管理、师生关系、家校关系、教师自身等方面，也存在有待于改进的问题。

课堂教学"低效"的原因很多，比如：对教材内容理解不够透彻：内容不够明确、编排不够清晰、呈现方式不妥当、过于依赖教材；课前备课与预设不够科学：预设教案不适合学情、分析教材不深入、目标制订不合理、了解学生不到位、设置练习不精心；课堂教学不够扎实：环节安排不合理、教学方法缺乏创新、课堂提问欠科学、课堂调控不到位、开展活动无实效……解决课堂教学"低效"的核心就是提高教师的专业素养。

针对班级管理松懈，需要培养学生的主体意识，提高学生自我管理能力；发挥班委的作用，锻炼学生的组织能力、创造能力；正确对待问题学生，帮助学习障碍生树立自信，关注性格孤僻的学生，关心早恋的学生；要定位班级管理基调，抓准班级情感支点；了解学生的个性心理，班级管理做到有的放矢；了解班级整体特点，采取与之匹配的管理方式；教师的个性魅力是班级管理教育的核心；教学相长，在情感共鸣中完成班级管理教育目标。

当前师生关系存在很多问题：师生关系紧张化，利益化，淡漠化，无责任化，不平等化。良好的师生关系包括民主平等，尊师爱生，教学相长。良好的师生关系是教育教学活动顺利进行的重要条件，是衡量教师和学生学校生活质量的重要指标，是校园文化的重要内容，可以充分发挥教师的主导作用，有利于调动学生的积极性和主动性，有利于学生的个性发展及建立良好的人际关系。

家校关系脆弱，最终伤害的是孩子，破坏的是教育生态。苏霍姆林斯基说："教育的效果取决于学校和家庭教育影响的一致性。如果没有这种一致性，那么学校的教学和教育过程就像纸做的房子一样倒塌下来。"要形成学校教育和家庭教育影响的一致性，创建良好的家校关系是一个重要前提。避免家校矛盾影响孩子健康成长、扭曲教育生态，亟须理顺家校关系：稳步发展，求大同存小异；尊重平等，消对立固同盟；身体力行，展魅力献智慧；携手共进，靠引领求创意；互惠双赢，助成长促发展。

学会生存，就是学会生活、学会学习。发展的多元化，造成学校方式和目标的多元化，教育就是让学生成为一个自我生命的实现者。学校教育本身不是教育的终极目的，也不是终极手段，学校教育本身的现实意义是为社会、为人类发展提供一种形式和平台，只是一个有效的载体和路径。促进人与自然、人与社会、人与人的和谐是学校真实的生命力所在。

实践中，我们的教育改革要坚持一系列新理念新思想新观点，坚持把立德树人作为根本任务。我们的教育到底培养什么人、怎样培养人、为谁培养人？培养什么人，是教育的首要问题，是教育工作的根本任务，也是教育现代化的方向目标。

全书分为五个专题，其中，专题一课堂教学为什么低效，由"照本宣科老套路""教学设计一团乱""眉毛胡子一把抓""我的课堂静悄悄""课堂生成难住我""我的课堂效率低"六个主题构成；专题二班级管理为什么松懈由"最后的通牒""错给下马威""互相打埋伏""遇事互推诿""班委一盘沙""赏罚不分明"六个主题构成；专题三我和学生为什么对立由"我的课堂像菜市场""学生怎么逃课了""学生给我起外号""自习纪律乱哄哄""课堂上的小纸条"和"居然课堂顶撞我"构成；专题四家校关系为什么紧张由"如何走进学生的世界""我的'沟通'遇尴尬""辍学的学生怎么办""困在网吧的学生""打个电话就生气"和"不可理喻的家长"等主题构成；专题五我的教育为什么失败则由"调座引发的风波""我的笑话惹了祸""三好学生该给谁""寻衅滋事的小团伙""我给学生贴'标签'"和"面对诱惑怎么办"等主题构成。五个专题三十个案例，分别从课堂教学的角度、班级管理的角度、师生关系的角度、家校关系的角度、教师自身的角度，分析了教育失败的原因及对策，以期为教育教学管理者提供借鉴。

# 目录
Contents

## ◎ 专题一　课堂教学为什么低效

教师专业素养不高，是课堂教学"低效"的关键原因。除此之外，还有其他很多原因：教师进取心不强，课堂教学缺少爱，课堂组织能力不强，教材内容理解不够透彻，课前备课与预设不够科学，课堂教学不够扎实……

## ◎ 专题二　班级管理为什么松懈

班级管理是一种有目的、有计划、有步骤的社会活动，这一活动的根本目的是实现教育目标，使学生得到充分的、全面的发展。由于班级管理是一种组织活动过程，体现的是教师和学生之间的双向活动，因此，教师及学生中只要有一方出现问题，就必然给班级管理带来问题。

## ◎ 专题三　我和学生为什么对立

当前师生关系存在的问题：师生关系紧张化、利益化、淡漠化、无责任化、不平等化。良好的师生关系是教育教学活动顺利进行的重要条件，是衡量教师和学生学校生活质量的重要指标，是校园文化的重要内容，有利于学生的个性发展及建立良好的人际关系。

## ◎ 专题四　家校关系为什么紧张

家校关系脆弱，最终伤害的是孩子，破坏的是教育生态。要形成学校教育和家庭教育影响的一致性，创建良好的家校关系是一个重要前提。避免家校矛盾影响孩子健康成长、扭曲教育生态，亟须理顺家校关系。

## ◎ 专题五　我的教育为什么失败

　　学校教育本身不是教育的终极目的，也不是终极手段，学校教育本身的现实意义是为社会、为人类发展提供一种形式和平台，只是一个有效的载体和路径。促进人与自然、人与社会、人与人的和谐是学校真实的生命力所在。

## ◎ 后　记

# 专题一

## 课堂教学为什么低效

教师专业素养不高，是课堂教学『低效』的关键原因。

除此之外，还有其他很多原因：教师进取心不强，课堂教学缺少爱，课堂组织能力不强，教材内容理解不够透彻，课前备课与预设不够科学，课堂教学不够扎实……

# 主题 1　照本宣科老套路

　　"照本宣科"这一成语出自元代关汉卿《西蜀梦》："也不用僧人持咒，道士宣科。"这是指照着本子念条文。而现在"照本宣科"一词通常用于教师教学方面，比喻不能灵活运用，死板地照教材，一字一句地去讲课。在现代课堂教学中，那种单纯地一字不漏地照读教材讲课的现象，已经很难发现了，而照本宣科的一些新变化、新形式却大有市场，更有思考和探究的必要。

## 一、教育案例

### 案例 1："照屏宣科"

　　如果调查学生最讨厌的授课形式是什么？会有相当多学生的回答是"照屏宣科"。"老师上课就知道放 PowerPoint、读 PowerPoint。也不知道这是他自己做的，还是借别人的，或者只是网上下载的，反正离开 PowerPoint 就不会讲课了。只要一遇到教室停电，老师就手足无措，不知从何讲起！"不少学生反映电脑养懒了老师，影响了授课质量。甚至有学生抱怨道："我们真想把教室里的电脑砸了！"

　　在教学过程中采用先进的教育技术手段，是教学改革的方向之一。有学生想把电脑砸了，并不是因为先进的设备不好，而是出于对"照屏宣科"教师的严重抗议。现在有些教师确实很"取巧"，他们根本不备课，临到上课前匆忙向其他教师借做好的 PowerPoint，或从网上下载，然后在课堂上机械地"照屏宣科"。可以想象，这种课程对学生的吸引力究竟如何。这样的教师一旦遭遇停电，显然难以张口。

　　在当前大力加强和广泛推进现代化教学的过程中，教师一定要分清主辅。在现代化教学手段普遍运用的新形势下，课堂教学切不可泛化，陷入唯技术主义的局面，要有效防止和较好地克服由以往的"照本宣科"这个极端走向"照屏宣科""缺少讲授"这一新极端的现象出现。

## 案例2：用真实案例代替照本宣科

一场模拟法庭活动在文景中学大礼堂举行，通过真实的案例让法治宣传走近学生。

上午11时许，未成年人李飞夜间暴力抢劫胥江实验中学学生王强一案在文景中学模拟法庭公开"审理"，市司法局和教育局领导观摩了此次活动，全校500余名师生旁听。由陕西警官职业技术学院师生扮演的法官、合议庭人员、公诉人以及被告人等依次入场。经过法庭调查、法庭辩论、当事人陈述和法庭调解多个程序后，"庭审"结束。活动中，教师还请同学们对案件中的法律常识进行了回答，学生们争先恐后地举手参与。文景中学校长表示，模拟法庭活动通过现身说法和真实案例代替照本宣科，让学生树立了法治意识。

## 案例3：我的教学反思

昨天上午，开始讲授新知识——《亿以内数的大小比较》。数字大小的比较是比较简单的知识，教材中所体现亿以内数的大小比较的知识点分为两种：1.不同位数相比，位数多的数就大。2.相同位数相比，先比较最高位，最高位大的数就大；如果最高位的数相同，就比较下一位……

"3+2"教学模式在我班初步试行，新的学生、新的学习习惯，让教学模式的试行显得生涩，更显困难。

我先让学生根据提纲进行预习，然后让学生汇报。那个一向不善言辞的蔡同学在回答"位数相同，怎么比较数的大小"这一问题时，这样回答道："先分级，然后先比较万级，万级大的数字就大。"

"如果万级数相同呢？"我继续追问，在追问的同时，在黑板上板书两个万级数相同的大数。

"那我们就比较个级，个级大的数字就大"蔡同学继续道。下面举手的同学开始增多，从学生举手的情况看来，这个问题毫无难度。

我在黑板上又罗列了几组不同的数字，学生按照"比数级"的方法做题，效果不错。并且我也认为这种方法要比教材上呈现的方法要简便许多。所以一节课我们都在用比数级的方法做题，只在课堂的最后几分钟，我让学生了解了教材中比较数的方法。

到家之后，我翻开去年的教学设计，在教学反思里我写过这样的文字："在总结本节课内容时，学生习惯用分级的方法进行比较，不太喜欢用数位比较，经过几组数据对比发现，确实分级的方法稍微简便一点。"

去年我就发现了这样的问题，但是因为心中有"教材至上"的心理，选择了照本宣科。今年我按照学生的意思进行教学，只是把教材上面的方法给学生做了介绍，并没有强调。

我认为教材上面的方法是从低年级承接上来的，这种方法对于一二年级的小学生来说，是行之有效的，但是对于四年级的学生而言，显得有点繁琐和麻烦，四年级的学生完全可以快速比较出三位数或者四位数的数字大小，根本不需要一位一位比，所以教材上面的方法就不讨四年级学生的喜欢。

因为我们服务的对象是有思想的人，更准确地说，是有思想的、涉世不深的孩童，他们的思想和行为不以权威的教材而转变，时常有自己的想法。这种新点子在成人的世界中是万分珍贵的，当孩子有更佳的解决问题的方法，我们没有必要再照本宣科。

## 二、案例分析

照本宣科，是说一个人照着本子念条文。

在课堂上，照本宣科主要是用来形容我们讲课或发言时死板地按照课文及讲稿，没有发挥，不够生动。就拿我们的课堂来说，无论是教师还是学生，都希望课堂生动有趣，都希望课堂有效甚至高效，但为何总是达不到我们的期望呢？这与照本宣科不无关系。"语言是自我存在的家。"照本宣科事实上是语言的一种变相消失，也是教师自我存在的消失。

当一位教师在课堂上总是照本宣科，至少意味着这位教师在专业知识上还没有形成自己独特的教学语言，还没有足够的能力用自己的语言去表达他对书本知识的理解，于是他讲的都是别人的话，话语中缺少个人对生命的体验，缺少个人从生活经验中悟出的道理和知识带来的智慧，其结果是一种自我语言的消失，从而导致自我存在的消失。

这种现象会导致课堂中学生的心不在焉，形成一种充耳不闻、视而不见、无精打采的状态，这会让教师感觉到学生忽视了教师的存在，对教师的话无动于衷，就好像没有听见一样，说了等于没说。教师语言的消失必然导致教师课堂中存在感的消失。

教学中照本宣科的教师一般属于懒教师，在教学上没有什么创造，其实属于不作为。还有些教师属于少创造，教学参考书上说教什么，自己就教什么；教研员说考什么，他们就教什么。这两种情况都是照本宣科。久而久之，给自己带来的后果就是在长时间内得不到提升；上课不受学生的欢迎，得不到同事的认可；容易让自己养成懒惰散漫的习惯，很早就开始职业倦怠，这对教师专业发展的影响可想而知。

照本宣科对学生也有危害。教师传授的知识有限，准备的学习方法太少，使得学生的学习能力得不到提升。现如今学习渠道很多，学生拥有的教育资源这么丰富，如果在课堂上学不到知识，他们要花更多时间和精力在课外补习，特别是对于那些优等生来说。教师提供的资源太少导致学生在课堂上"吃不饱"，只好出去提高补习。教研员提供的阅读书目，大部分学校和老师都会交代孩子去完成，但如果只是照本宣科，不深入研究和学习，就达不到应有的效果。

除了专业能力外，撼动人心的语言还来自教师的专业素养和职业精神。所以，教师课堂上的照本宣科是与其专业能力、专业素养和职业精神相关联。教师专业能力不强，专业素养缺失，便会照本宣科；倘若缺少了职业精神，专业素养和专业能力也终将成为无源之水，终有一天也会照本宣科；而语言和存在的消失意味着教师已经不被需要，这其实就是一种变相的失业。

说到职业精神，它不仅与职业道德相关联，还来自一个人的责任和担当，这些都是一个道德层面的话题。

精神总能给我们一种力量。而力量一定是一种能量，任何能量都不可能自生，总得有一个来源，至少它一定得是另一种能量的转换。所以有时我们会觉得，精神是一种日积月累的寻找，抑或是一种责任和担当的转换。所以，没有对教育的爱，何来职业精神呢？

### 三、应对策略

教师在教学过程中要补充教材中的思维方式和思维习惯，梳理整个内容的知识结构，构建知识链接体系，让知识存在于系统里。为避免照本宣科，需要变教教材为用教材教。

#### 1.挖掘教材的深层内涵

教学的内容是由教材生成的。这就决定教师要把学生易混淆的内容作为知识的生成起点，所以课程内容应充分挖掘教材资源，这样才能更有效地实现课程目标。

#### 2.挖掘教材内容的内在乐趣

教材是静止的，有些内容更是抽象的。因此，教学应注意设计适当的教学情境和活动，让学生在快乐的活动中自然接受知识。只有根据学生的思维特点和知识储备情况设计的教学活动，才能更好地发挥学生的主体作用，引导学生理解学习材料，使其思维能力获得发展。

### 3.整合各种教学资源

教材内容划定了教学的基本范围，明确了学习的知识目标，所以教学过程必须要用教材。但如果要想在教学过程中取得良好的效果，就必须要整合各种教学资源，做到创造性地使用教材而不是简单地教教材。

总而言之，教师要避免照本宣科，必须要吃透学生、吃透教材，这样才能灵活使用教材，做到用教材教，使课堂充满趣味，实现高效课堂。

# 主题 2　教学设计一团乱

教学设计是根据课程标准要求和教学对象的特点，将教学诸要素有序安排，确定合适的教学方案设想和计划。一般包括教学目标、教学重难点、教学方法、教学步骤与时间分配等环节。教学设计是根据教学对象和教学目标，确定合适的教学起点与终点，将教学诸要素有序、优化地安排，形成教学方案的过程。它是一门运用系统方法科学解决教学问题的学问，以教学效果最优化为目的，以解决教学问题为宗旨。

## 一、教育案例

我离开学校，刚步入小学美术教师这一岗位时，雄心勃勃，非常激动。当我第一天站在讲台上，讲解完课本相关内容后，我想看看学生们的绘画创作能力。当我说出这节课大家发挥想象，自己画一幅画时，学生们都拿出美术课本或者其他课本临摹起来。我很诧异：学生难道没有自己想画的东西？一问才知道，原来他们以前都是这样上美术课的。通过对学生以前美术课堂的了解以及生活环境的调查，我开始思考如何去改变他们的学习方式，并向其他教师取经。最后我想出了秘密武器——多媒体课件。我花了两天的时间，精心设计了课件，有图片、音乐和动画界面。一切就绪，就等登台演出了。

我通知学生，这一节美术课我们去多媒体教室上，学生哗然了。对于他们来说这是很新奇的东西，也是很新奇的教学方式与学习方式。预备铃还没有响起，学生们都已经在多媒体教室门口外等候了。学生的情绪果然很高啊！进了教室，大家做好上课准备，我打开多媒体，学生开始在下面窃窃私语，议论着这些好玩的东西。感受着大家的情绪，我想这节课肯定会很成功，因为他们以前从来没有这样上过课，情绪也没有今天这样高涨。"上课！"学生随着我的声音，全部站了起来，很洪亮地喊着"老师好"。此时，我心里暗自欣喜。

进入上课环节，每一张幻灯片都引起他们的好奇心。后面的情况却不在我的预料之中，学生的情绪高涨得过了头，只顾着去研究那些"新奇"的东西，根本没有心思再去听我精心准备的解说，课堂一时无法收拾，乱糟糟的。我只好撇下那些讲义，维持课堂纪律，当开始让他们进行创作时，已临近下课时间。

原本精心准备的一节课，以为能够让课堂"活起来"，没想到却失败得一塌糊涂。

## 二、案例分析

多媒体丰富多彩的视听效果，确实可以增强教学的直观性和生动性，有效地吸引学生的注意力，但课件插入过多的漂亮图片、动听的音乐、酷炫的动画效果，使学生把更多的注意力放在精彩的画面和悦耳的音乐上，无法专心于这些画面和音乐所蕴含的教学内容，结果适得其反，分散了学生的注意力，打断了学生思维的连续性，冲淡了课堂教学的主题，不仅没有辅助教学，反倒影响了教学目标的实现。因此，我们在课堂设计和使用多媒体时，要在遵循学生的心理特点、认知规律和记忆规律的基础上，恰当地使用多媒体技术，突破教材中的重难点，有效弥补传统教学的不足。

在本案例中，多媒体教学或多或少地偏离了教学目标，只停留于表面，盲目追求美感。华而不实的多媒体教学，一开始确实吸引了学生的注意力，但后来却适得其反，使学生的注意力集中到一些无关紧要的事物上面，学生只顾着看那些好看的图片和动画，课程却无法进行下去。因此，如果一味追求多媒体课件在教学过程中的"奢华"，那就顾此失彼，降低了课堂效率，反而成为教学的干扰源。

这次教学失败的主要原因就在于教学程序的混乱，教学设计不应过分利用多媒体的"新奇"去吸引学生的眼球，而应该更好地联系教学目标进行多媒体设计，把学生注意力集中在课件所需观察的事物上，只有这样，学生的课堂收获才会最大。

计算机多媒体技术为课堂教学改革提供了新的模式，向我们提出了更高的要求。运用多媒体是为了辅助教学，其出发点和立足点是提高教学效果，但多媒体教学不是提高教学效果的唯一途径和手段。教学中应针对教学内容采取与之相适应的教学方法，与其他教学资源合理配合使用，综合利用各种教学媒体和手段，取长补短，以期达到最佳效果。利用计算机辅助教学有利也有弊，如果处理不当，就会直接影响教学效果，我们只有适时、适度地把握好应用的各个环节，正视存在的问题并努力解决，才能使计算机多媒体教学发挥最大的效能，真正成为教学的好帮手。

## 三、应对策略

教学设计是一项系统工程，它是由对教学目标和教学对象的分析、教学内容和方法的选择以及教学评估等子系统组成的有机整体，各子系统既相对独立，又相互依存、相互制约。在诸子系统中，各子系统的功能并不等价，其中教学目标起着指导其他子系统的作用。同时，教学设计应立足于整体，每个子系统应协调于整个教学系统中，做到整体与部分辩证统一，系统分析与系统综合有机结合，最终达到教学系统的整体优化。那么，如何进行科学的教学设计呢？

### 1.明确教学设计的基本要素

"模式"是对理论的一种简洁再现。无论哪一种教学设计模式，都包含下列五个基本要素：教学任务及对象、教学目标、教学策略、教学过程、教学评价。这五个基本要素相互联系、相互制约，构成了教学设计的总体框架。

（1）教学任务及对象。

新课程理念下，课堂教学不再仅仅是传授知识，教学的一切活动都是着眼于学生的发展。在教学过程中如何促进学生的发展、培养学生的能力，是现代教学思路的一个基本着眼点。因此，教学由教教材转变为用教材教。以往教师关注的主要是"如何教"的问题，现如今教师首先应关注的是"教什么"的问题。也就是需要明确教学任务，进而提出教学目标，选择教学内容和制订教学策略。

（2）教学目标。

教学设计中对于目标的阐述，能够体现出教师对课程目标和教学任务的理解，也是教师完成教学任务的指导方向。

新课程标准从关注学生的学习出发，强调学生是学习的主体，教学目标是教学活动中师生的共同追求，而不是由教师操纵。因此，目标的主体显然应该是教师与学生。

教学目标确立了知识与技能、过程与方法、情感态度与价值观三位一体的课程教学目标，它与传统课堂教学只关注知识的接受和技能的训练是截然不同的。追求知识与技能、过程与方法、情感态度与价值观三个方面的有机整合，突出了过程与方法的重要地位，因此在教学目标描述中，要把知识技能、过程方法、情感态度等方面都考虑到。

（3）教学策略。

所谓教学策略，就是为了实现教学目标，完成教学任务所采用的方法、步骤、媒体和组织形式等教学措施构成的综合性方案。它是实施教学活动的基本依据，是教学设计的中心环节。其主要作用就是根据特定的教学条件和需要，制定引导学生活动的最佳教学方式、方法和步骤。

（4）教学过程。

现代教学系统由教师、学生、教学内容和教学媒体四个要素组成，教学系统的运动变化表现为教学活动进程（简称教学过程）。教学过程是课堂教学设计的核心，对教学目标、教学任务、教学对象的分析，教学媒体的选择，课堂教学结构类型的选择与组合等，都将在教学过程中得到体现。那么，怎样在新课程理念下，把诸因素很好地组合，是教学设计的一大难题。

（5）教学评价。

教学评价是依据教学目标对教学过程及结果进行价值判断并为教学决策服务的活动，是对教学活动现实的或潜在的价值做出判断的过程。新课程的课堂教学评价，要体现促进学生发展这一基本理念：在教学目标上，要按照课程标准、教学内容的科学体系进行有序教学，完成知识、技能等基础性目标，同时注意学生发展性目标的形成；在教学过程中，要激发学生学习热情，体现学生主体，鼓励学生探究，高效实现目标。

**2.教学设计书写**

（1）书写内容及步骤。

①教学设计说明：写出本教学设计意图和整体思路（突出新课程特点）。

②教学分析：包括教学内容的分析和学情的分析。

③教学目标：知识与技能、过程与方法、情感态度与价值观。

④教学策略（或学法指导）：选用的教学方法、教学手段、媒体及板书设计。

⑤教学过程。

⑥教学反思、评价。

（2）书写说明。

①书写的形式。书写可以是文本的，可以是表格的，也可以将文本和表格二者结合。一般文本形式可以比较充分地表达想法和具体的内容，信息量大，但不宜直观反映教学结构中各要素之间的关系。而表格形式能比较简洁、综合地体现教学环节以及教、学诸因素的整合。因此，我们认为，或者以表格书写，或者将文本和表格书写形式合二为一是较好的选择。当然后一种方式是比较理想的呈现，采用文本形式书写前段分析，教学过程则一般以表格形式书写，从而组成一篇教学设计方案。

②教学设计书写形式不是一成不变的，可以根据具体的内容要求灵活展现，不拘一格，写出个性、写出创意、写出风采。

③教学反思、评价作为教学设计来说也是一个必不可少的环节。最后还需要说明的是，教学设计内容和形式应该根据需要而定，如果为了同行间探讨、交流而进行设计，则应选择较强的理论展现为主要内容并配以相应形式；如果是教师本人在上课前对课堂的理解和策划，则可以相对淡化理论色彩并简化分析要素，更多地关注过程、方法、策略以及教学流程和板书的设计。总之，课堂教学设计方案的多元化和创新是我们所追求的目标。

**3.教案与教学设计的区别**

将教案与教学设计进行比较，从中可以看出，从关注"具体的教材教法的研究"转变为关注"以促进学生学习的有效的教学策略研究"，是从传统教案走向现代教学设计的根本转折点，只有弄清二者的区别，才能够真正理解并掌握现代教学设计的理念和技术，在进行教学设计时才不会将二者混淆。

（1）脉络要"准"——是教学设计的"出发点"。

（2）目标要"明"——是教学设计的"方向"。

（3）立意要"新"——是教学设计的"灵魂"。

（4）构思要"巧"——是教学设计的"翅膀"。

（5）方法要"活"——是教学设计的"表现形式"。

（6）练习要"精"——是教学设计的"总结点"。

# 主题 3　眉毛胡子一把抓

眉毛胡子一把抓，比喻做事不分轻重缓急。在教育教学中，眉毛胡子一把抓，就是教师不分教学内容重点与否，面面俱到，造成教学效率低的行为。

## 一、教育案例

今天是开学的第三周，经过前一段时间的入学教育，我相信我的这些学生已经可以安安静静、认认真真地坐在课堂上听课了，所以中秋节放假三天，我精心准备了一节数学课和一节语文课，决定从今天开始进入正常的授课程序。

数学课上得很顺利，尤其是学生动手摆小棒的时候。学生除了能用 1~5 根小棒摆出自己喜欢的几何图形之外，还摆出了独木桥、平衡木、房顶、小伞等，看着学生兴致勃勃的学习状态，我觉得很欣慰，也觉得教课是一件很幸福的事。正当我信心满满的时候，接下来的语文课却如一盆凉水当头泼下！

这节语文课的主要内容是学习声母"b p m f"，因为学生是首次接触声韵连读，所以我很重视这一教学过程。课堂上，我引导学生掌握拼读的规则："前音轻短，后音重，两音相遇猛一碰！"我耐心细致地给学生做示范，可几遍过后，我就发现学生的兴致不高，而且因为有了学前班的基础，他们自认为都已经学会了，所以并不认真地去听我讲，一个劲儿地扯着嗓门儿乱喊。我越是让他们仔细听我的示范发音，他们就越是不听。一阵折腾下来，我精疲力尽，可学生还是没有完全领会拼读的要领。正当我忍不住要发火的时候，下课的音乐响起，我呆呆地站在讲台上，看看没完成的教学内容，再看看已经蠢蠢欲动的学生，真是又可气又可笑！

为什么这节课失败了，症结究竟在哪儿呢？我陷入了深深的思索中……

首先，我对学生现有的水平和掌握拼音的程度没有充分了解，其实他们在学前班已经学完拼音了，所以就不能把拼音当成新知识来教给学生，这样只会让学生觉得乏味，提不起精神头儿来学。

其次，对于课堂上的语言，我觉得自己还是太啰唆，尤其是重点地方。我总是不放心，怕学生听不见或听不懂，因此一遍遍地重复，这样效果却适得其反，学生听不进去，说再多也没用。

另外，我觉得我有点急于求成，虽然学生有基础，但毕竟不是系统规范地学。就拿这节课来说，我在要求学生进行拼读的时候，不但要把音节拼出来，还要带上四声，并组上词。学生第一次进行如此复杂的拼读训练，刚开始的时候，说不好，我就着急，没给学生适应的时间，学生一害怕，干脆就不举手了。因此这节课没有完成我预设的内容。

总结这节课，我发现问题是整节课知识点之间的衔接不好，对于每个知识点的完成过程和程度，没有做到心中有数，备课上下的功夫不够，但我相信有了这节课的经验教训，接下来的拼音教学课，我会上得越来越好！

## 二、案例分析

从这节拼音课来看，正如教师的课后反思，没有抓住学生学习的重点，想面面俱到，结果一节课忙碌下来，教学目标没有达成。很多教师都感到语文教材内容多，既要倡导合作探究，又要培养个性、健全人格，一节课的教学计划总是无法按时完成。如何解决这一矛盾呢？实践证明，语文课堂切忌"眉毛胡子一把抓"，让课堂教学精简下来才是根本。在课堂教学中合理调配、巧妙运作、收放有度、惜时如金，才能避免无谓的课堂消耗，才能让学生学得扎实又学得轻松愉快，真正让每一位学生都得到发展。那么如何精简呢？

### 1.精简教学内容

教学内容是课堂教学的血肉和骨干，在 40 分钟时间里，教师准备好的课堂教学要经受来自学生的各种考验，课堂内容是一面旗帜，要随风而动、亲切自如，始终保持鲜艳明亮，让人容易接受。

### 2.精简教学环节

课改实验中，课堂教学改革是重中之重。学校、教师都把"课堂教学改革"作为推进课改的主渠道。虽然课堂活起来了，学生主体意识增强了，教学形式日渐活跃，但我们发现，课改使得教师组织教学过程随意性较大，从而没有把握好教学环节的有机衔接，教学效果不理想。

### 3.精简教学手段

随着教学条件的日益优化，教具的使用频率越来越高，档次也越来越高，从某种意义上讲，这是一个了不起的进步，科学合理地运用，效果不言而喻。反之，如果使用不科学、不合理，就会产生负面影响。

### 4.精简教学语言

我们的课堂，虽然提倡学生是主人、是学习的主体，但教师的主导作用仍不可忽视。目前的教学，多以学生自主学习、小组合作学习为主，学生间的相互评价正逐渐代替教师的点评，学生也多是在自主合作探究中获得知识。然而，减少教师的讲解不代表教师不讲，教师的语言艺术仍至关重要。教师切忌语言贫乏、生拉硬扯、语无伦次、模糊不清，造成学生视听困难，更起不到引导效果。

我们的课堂，应是朴实生动的，而不是"眉毛胡子一把抓"，既遵循其内在的条理和规则，又注重人与人的情感、兴趣、价值观的交流和作用，体现课堂教学的艺术神韵。愿我们的课堂都充满艺术美，让我们的学生都享受到艺术美。

## 三、应对策略

要想避免在教学中眉毛胡子一把抓，就必须抓住教学的重点。所谓教学重点，就是"在整个知识体系中处于重要地位和有突出作用的内容"，也就是学生必须掌握的基本知识和技能，如意义、法则、性质、计算方法，还包括数量关系、解决问题的策略等。教学难点，一般指对于大多数学生来说理解和掌握起来感觉比较困难的关键性知识点或容易出现混淆、错误的问题。

### 1.课前准备工作

（1）认真备课，吃透教材，抓住教材的重难点是突破重难点的前提。

引导学生学会走路，首先教师自己要识途。要想在教学中做到突出重点、突破难点，第一是深钻教材，从知识结构上，抓住每节课的重点和难点。第二是了解学生，根据学生实际的认知水平，考虑到不同学生认知结构的差异，把握好教学重点和难点。第三是课前的精心准备、准确定位，为教学时突出重点和突破难点提供有利条件。

确定难点时，应注意两点：首先要设身处地地为学生着想，认真分析学生理解、掌握知识过程中的难处；其次要充分考虑学生认识和心理过程中可能出现的种种障碍。例如，在教学《圆锥的侧面积》，重点是圆锥的特征，难点是圆锥侧面积计算方法的理解。我这样设计：小组合作做圆锥。每组一个材料袋，内有做圆锥的圆片、扇形等。学生经过动手操作，很快就能发现圆锥的一些特征：底面是个圆，侧面展开后是一个扇形，并且扇形的弧长和圆的周长是一样的。我在安排时特意安排了不能做成圆锥的特例，经过大家的集体讨论，最终给学生留下了深刻的印象：只有圆的周长和扇形的弧长相等时才能做成一个圆锥。有了这样的基础，教材的重难点就不攻自破了。

（2）根据新课内容给学生留适当的预习作业。

第一，在学案中有层次地设计练习，强化重难点。

"练习的设计"很容易让我们把它与"熟能生巧"等概念联系起来，认为只要练习做多了，各类题自然就会了，但是这种老套路的方式使课堂练习失去了原本丰富的智慧与内涵。我们应该本着"强化本节课重难点"的原则来设计有层次的练习。

学案的使用彻底打破了传统教学模式，促使教师树立新的教育观念，使学生的主体地位得到真正体现。转变了学生的学习行为，使学生的自学能力有了很大提高。对于教师而言，虽然编写和设计学案要花费相当多的时间和精力，但却能收到良好的教学效果。

第二，形式上多样化。

难题或开放题可通过小组讨论解决，或者给每个小组布置一个难题任务，第二天派代表讲解。各式各样的活动能激发学生学习的兴趣，使学生掌握得更牢固、更深刻。

### 2.课上教学工作

（1）引入时回顾旧知识，温故知新。

（2）采用合适的教学方法是关键。

课程标准指出：教师的教学应该以学生的认知发展水平和已有的经验为基础，面向全体学生，注重启发式教学和因材施教。教师要发挥主导作用，处理好讲授与学生自主学习的关系；要通过有效的措施，引导学生独立思考、主动探索、合作交流，使学生理解和掌握基本的知识与技能、思想和方法，使其得到必要的思维训练并获得基本的活动经验。

（3）合理设计板书是途径，重点知识一定要留在黑板上。

板书是课堂教学的缩影，是揭示教学重难点的示意图，也是把握重难点的辐射源，起着提纲挈领的作用。从板书的内容上看，体现了这节课的重点和难点；从板书的形式上看，直观、对比性强，对学生能够起到引导作用。因此教师如何根据教材特点，选择板书内容、合理设计板书格局是突破重难点的途径之一。

（4）精心设计练习是保障。

精心设计课堂练习是提高教学质量的重要保证。学生通过练习进一步理解和巩固知识，把知识转化成技能技巧，从而提高综合运用知识的能力。所谓精心设计练习，关键在于"精"，精就是指要突出重点——新知识点、强化难点——易混淆、难理解处。因此在备课时，要认真钻研教材上的习题，理解教材编排意图，明确习题的目的和作用，从而设计有层次、有坡度、有针对性的练习题。

（5）及时归纳小结。可由学生自己总结归纳该节内容，梳理清楚知识点。

### 3.课后作业布置工作

精选的习题针对性要强，由浅入深，"基础题+提高题+思考题"。教师要利用学科的特点，根据教学内容，紧扣教学目标设计好课后练习，加强设计"精品"习题的意识，以少胜多，以质为上。在知识和难易程度适宜的基础上设计有一定"坡度""难度""密度"的习题，注意加大知识间的"跨度"，变换形式间的"角度"，求新、求近、求活，让课后练习成为学生学习兴趣的直接发源地，让学生身处"做题初，趣已生；做题时，趣愈浓；做题终，趣不尽"的学习情趣中，那么我们的练习设计就是有效的。

此外，处理重难点内容只靠教学的方式、方法和手段还不够，还须注意以下两点。

第一，教师确定的难点不宜预先告诉或暗示学生。这样容易造成学生的心理压力。比如"这节课的内容很困难，不容易学懂，同学们要专心""这个问题难，不要紧张"，这类的话不要说。

第二，教学节奏宜缓慢，适当调整语速、语调和语气。讲解难点内容时还要密切关注学生的表情，如果发现多数学生蹙眉茫然，或提出的问题无人作答、举手人数寥寥无几时，教师一方面要舒缓节奏，放慢语速，留出充分的时间让学生思考，并及时设台阶、给铺垫；另一方面用激励与信任的语气及时给予鼓励，帮助他们迎难而上。化难为易后要还原节奏，继续讲解非难点内容。

综上所述，教师的教服务于学生的学，教师每准备一节课，都要动一番脑筋，花一番心血，认真研究课程标准，深钻教材内容，并结合学生实际，把握教材内容，弄清重点、难点，深刻理解教材意图，合理安排教学环节，精心设计课堂设问，方可找出突破重点、难点的方法和最佳途径。

# 主题 4　我的课堂静悄悄

面对新课程改革，我们要重新定位课程目标，树立全新的教学理念，要充分调动学生的积极性，发挥学生的主动性，让学生参与到教学过程中来。新课改强调学习方式的转变，要合理地调动学生学习的积极性，活跃课堂气氛，充分发挥学生的主体性，促进学生人格的健全发展。很多研究显示，活跃的课堂氛围不仅能大规模提高学生的学业成绩，而且还能促进其个性和社会性的发展。

## 一、教育案例

前几天上了一节公开课，我认为课程设计没有问题，信心满满的我开始了新课的教学。然而，一节课不到一半，我的自信就被"摔"到了零。学生整节课的表现让我意外，竟像一群陌生的孩子，一言不发，不管如何循循善诱、如何鼓励点拨，学生都是一副"你爱怎样就怎样"的神态，气氛既沉闷又死板。

课堂是学生学习的重要场所和师生直接互动与分享的平台，而课堂气氛是学生学习过程中的必备学习环境，是课堂教学效果的体现，直接影响到教学质量。毫无疑问，一种活跃、和谐、互动、快乐的课堂氛围对学生的学习是至关重要的。它不仅有利于调动学生的学习积极性，而且还可以提高课堂的学习效率，而最重要的是让学生感觉到学习是一种享受和快乐。相反，如果学生始终处在一种沉闷的课堂气氛中，就更不可能激发出什么学习热情和引发出什么兴趣了。由于学生的大部分时间都是在课堂中度过的，因此，从另一个角度来看，学生的课堂学习也是他们的一种生活方式。而沉闷的课堂就等于是一种沉闷的生活。试想一下，在沉闷的学习环境中，学生又何来快乐呢？

## 二、案例分析

冷漠的课堂气氛让教师既尴尬又着急，笔者认为导致课堂气氛不够活跃的主要原因有以下几种情况。

### 1.对学生回答的要求太完美

课堂是允许学生出错的地方。学生正处在成长期，其能力及对知识的掌握存在差异，思路各有千秋，考虑问题的侧重点也不尽相同。他们回答问题存在许多不足，甚至出现低级的错误也是正常的，教师对学生答案的要求过于完美、苛刻，从某种意义上讲，对学生是一种伤害。

学生的回答或提出的问题，都是他们思考的结果，千万不能按成人的思路及标准去要求他们，也不应该仅以答案的对错下评语，应降低要求，学会宽容，因势利导。教师可给出某一方面的肯定，可从学生的思路、语言、体态等方面加以肯定：如你的想法很新奇；你表达能力不错，大有进步；你的声音很洪亮，是一个自信的孩子；你能结合生活实际来回答问题，真是动了脑筋；等等。这类评语体现了教师对学生的关怀、赏识与期待，让学生产生成就感，放松神经，心情愉悦，进而变得愿答、乐答。

有位教师让一个学生解释"爆破"一词，这个学生站起来后，想了想，然后两手向上一伸的同时，口里说了一声"轰——"，然后说："这就是'爆破'。"

教师评价说："你解释得很形象，也很准确！"

儿童的思维离不开形象，从形象思维的角度讲，学生的回答应该得高分。如果要用词典上解释"用炸药摧毁岩石或建筑物等"作为"爆破"唯一的答案，未免太难为学生了。

### 2.批评多，赞扬少

教师对学生往往是恨铁不成钢，当学生说不出答案又启而不发时，常露出不屑的神态，不由自主地伤害学生的自尊，导致他们失去学习兴趣，随之师生关系变得紧张，甚至教师自己会自觉或不自觉地拒绝教育，将自己禁锢在失败中。

教学过程是师生情感交流的过程，激励教育能融洽师生关系，能产生巨大的能量，增强师生互动。良好的师生关系是营造活跃的课堂气氛的必要条件。

### 3.不能面向全体学生，导致两极分化

课堂上，教师总是提问成绩较好的几个学生，差生处于被遗忘的角落，缺少应有的关注，没有表现的机会，习惯将自己置身于讨论发言之外，热闹是别人的，沉默是自己的，课堂上往往分成了参与者和看客两部分。

教师不妨对那些学习成绩好又抢着举手回答问题的同学讲："我知道你很优秀，难的问题你再举手，现在把这一机会留给其他同学好不好？"这样既保护了他们发言的积极性，又照顾了多数同学。

教师要力求将问题按照难易程度设计，让优秀生回答开放性、综合性问题，给他们提供广阔的思维空间，发挥基础扎实的优势；学习稍差的学生可回答基础性的单纯问题。这样每个人都有成功的机会和感觉，都有所提高。

教师要善于分析每个学生的性格、特长，了解并尽量满足他们的喜好和内在需要，关注学生的个体差异和不同的学习需求，爱护学生的好奇心、求知欲，充分激发学生的主动意识和进取精神。

### 4.威严有余、亲和力不足

从心理学角度讲，学生们有好奇心理、疑问心理和活泼好动等特点。教师在教学过程中，往往存在着师道尊严，唯我独尊，课堂上教师严肃、冷漠、威严的表情，就会让学生感到害怕，常常使他们有无助感。这势必造成一鸟入林百鸟静音的势态，无法反馈教学效果，出现教师讲得疲惫、学生昏昏欲睡的现象，使学生习惯于听老师讲、抄答案、背答案的教学模式。

有一位教师上郑振铎的《燕子》一课，走上讲台就说："王燕、李燕请你们俩儿站起来！"这时，这两位同学多少有些"惊恐"，我们怎么了！这时教师说："我想了解一下，你们的名字中为什么都有个'燕'字？"

这时李燕松了一口气，便大大方方地说："我是春天出生的，正是燕子从

南方飞回来的时候。我妈说，燕子是吉祥鸟，能给家里带来好运，所以起了这个名字。"王燕的回答也大同小异。

教师接着说："燕子轻盈、灵巧、聪明，是人们喜欢的候鸟。古往今来，许多人描写它、赞美它。"现在，我们打开书，看看大作家郑振铎笔下的燕子是怎样的……

同学们兴致盎然，名字中带"燕"的同学更是兴奋不已。一节课虽有点小插曲，但是在和谐、轻松的气氛中进行的。

如果教师带着微笑进课堂，用热情温和、幽默诙谐的语言，适时讲些跟教学内容相关的小故事、小笑话，就会将愉悦的心情带给学生，那么课堂就会出现轻松、民主、和谐、活跃的气氛。

### 5.提出的问题不当

教师在课堂上提出的问题要难易适当。所提问题太容易，学生没有兴趣。所提问题太难，超出了学生的认知水平。所提问题不具体、指向不明，学生不知道怎么回答，这些是课堂提问的大忌。设计的问题应本着"跳一跳、够得着"的原则，对较难的问题可分解开来，分几步进行提问。如：在学习了托尔斯泰的《穷人》后，教师请同学们谈谈体会。学生不知如何谈起，自然无话可说。不如换一种问法："这一课主人公是谁?""讲了一件什么事?""学习了这一课你有什么想法和感动?""今后遇到这样的问题，你该怎么做?"这样一来，学生便有话可说，就会你一言我一语、争相表达自己的想法。这样课堂气氛就活跃了，学生语言表达能力也会大大提高。

### 6.回答问题，给学生的时间太少

学生合作探究、自主学习，必须有充足的时间作保证。如果提问后时间较短，学生思考不成熟，自然答不上来。教师不可打断学生发言，应倾听学生完整的表述，并切实做到对发言延迟评价。教师要给每个人发言的机会，对不同的观点展开讨论，即使前面同学的答案已经够完美了，也应问一问，谁还有不同的想法? 免得还没有发言的同学认为，前面同学的回答是正确的，自己的答案跟前面的不一样，自然是错误的。在许多情况下，问题的答案不是"非黑即白"、像一加一等于二那样简单，否则新的思路、与众不同的观点就无法表现出来。

## 三、应对策略

科技发展突飞猛进，知识日新月异。作为一名教师更是需要时时充实自己，因为我们以往的教学方式已经满足不了当前学生不断变化的需求。在教学过程中，很多老师反馈的课堂状况表现，都是学生在课堂上没有积极性，学生对老师提出的问题沉默不语，只有老师在滔滔不绝地讲课，甚至有的同学听着听着竟然睡着了。学生学习没有积极性，课堂气氛不活跃，学生参与度低，这些问题不断困扰着老师们。那么怎样才能让我们的课堂更活跃呢？

### 1.提高教师自身素质和创新意识

教师在教育发展中起着主导地位，是教育发展的主力军，关系着国家未来的发展。在不断发展的教育改革中，提高教师素质被放到了首位。教师的任务是教书育人，教师更需要不断学习，钻研专业知识，完善知识结构来充实自己，认真学习教育理论，积极适应新的教育观念；要全面提高自身的综合素质，平时更要钻研教学大纲，养成学习习惯；要充分分析教材知识所涉及的问题，联系生活实际备好课，设计以学生为主体的教学活动，千万不能抱着应付的态度去上课。

课堂创新势在必行。教师要有创新意识，用新的理念、新的方法丰富自己的课堂。根据新课标要求，作为21世纪的教师，要转变教学观念，提高创新意识。实施教育创新，需要创新教学方法、创新教学情境、建造新型的师生关系和新型的课堂，提高教师的创新能力，培养出有创新意识的学生。

### 2.创新课堂形式的必要条件

（1）精心备课，因材施教。

教师要根据学生自身发展特点，精心设计教案。结合生活实际，在教学活动中充分发挥学生的主体地位。教师只有做好充分准备，在教学中才能灵活自如，才能让学生做到乐中学，才能达到预期的教育效果。

（2）勇于质疑，拓展学生思维。

古人云："读书无疑者，须教有疑；有疑者却要无疑，到这里方是长进。"教师要勇于鼓励和引导学生质疑，让学生养成敢于提问、善于提问的习惯。教师还要善于变换角度，大力发展学生的思维能力。

（3）建立良好的师生关系。

教师在与学生的关系中居于主导地位，是以其自身的人格魅力来教育和影响学生的。现代教育家叶圣陶先生曾说："教育工作者的全部工作就是为人师表。"教师不仅是学生的师表，而且是整个社会精神文明的传播者。因此，教师要恪守师德、严于律己，处处做学生的表率。

### 3.通过创设情境，激发学生的学习兴趣

在教学中只靠教师的语言和文字叙述来授课是不行的，在教学中恰当地运用课件，能更好地将语言文字转化为真实的情境或图像传递给学生。因此，我们要合理地运用教学资源，能更好地优化课堂结构，提高教学质量。

### 4.开展多种形式的课堂评价

课堂评价是指在堂课的教学活动中，对被评价者的言语和行为做出的一种即时性评价，是一种信息的反馈形式。被评价者会利用一节课中多次的反馈，从自我学习内部进行调节，达到学习目的。而评价者可以利用这些反馈，纠正教学活动目标的偏差，从而取得教学的预期效果。总之，课堂评价是教和学的过程中必不可少的一种形式。

课堂教学评价的核心理念包括：课堂教学评价必须以教学的改进为目的，以教师的专业发展为目的；课堂教学评价必须基于专业的思考，是一项专业研究活动；课堂教学评价必须基于协商参与，避免单一主体造成的主观性评价。

开展基于新课程实施的有效教学和课堂教学评价，我们一定要注意摆脱以下误区。

（1）课堂教学评价的目标"唯专业化"。

课堂教学评价不能只关注学科内容，评价不能成为对教师学科专业能力或绩效的总结性评价。作为一名学科教师，专业素养并不一定能直接体现在课堂教学上，因此教学评价应当具有促进教学能力发展的功能，而不是对教师的专业能力下定论。课堂教学评价应提倡不同类型的个体，包括课程专家、学科专家、学校领导、学科同行乃至学生等的共同参与，但不同个体需要对教学评价的价值取向、基本要求、主要差异等事先形成共识，开展目标明确的评价活动。

（2）课堂教学评价的手段"伪专业化"。

课堂教学评价应基于课堂听评课的观察和分析，应着重进行基于课堂观察数据的理论思考，而不能仅停留于思辨。我们在认可"教无定法"的同时，也不能将课堂教学评价沦为展示演讲与口才的"辩论会"。只有加强相关的实证研究，才能促进课堂教学评价体系或者有意义的建构，才能通过教学评价帮助教师解决实际问题。

（3）课堂教学评价的体系"过专业化"。

科学的评价一定是基于大量数据信息为基础的，而目前常见的听评课工

具的设计往往只重形式，而忽略了可操作性。因此，将现代信息技术作为课堂教学评价的平台，可以突出体现课堂教学评价研究的技术特征和体现对评价的元认知特点。课堂教学评价所提供的数据和信息越准确、越翔实，做出的分析越深入、越客观，给教师带来的帮助也就越大，但在一定条件下，我们应选用适宜的评价方法来指导教学。

# 主题 5　课堂生成难住我

课堂生成，指的是在教学中充分重视师生生命活动的多样性和教学环境的复杂性，把每节课都视作不可重复的激情和智慧综合生成过程的课堂状态。它强调教师、学生、教材三者之间的互动，即学生在原认识的基础上，通过与教师、文本的对话交往，实现意义的获得和提升。因此，课堂生成是一种动态的教学，是一种多样化的教学，是一种提升的教学。与预设式教学的被动接受相比，课堂生成更强调学习的自主构建；与预设式教学的静态预设相比，生成性教学更强调教学的动态生成。可以说，课堂生成是对"接受性"的一种批判和超越，是对"预设性"的补充和修正。

## 一、教育案例

上个学期，教研组让我上一节课，我选了《多边形》这个课题。我认为该课比较简单，因为四边形内角和的度数在小学的时候学生已经接触过了，外角和的度数可以从内角与外角的关系得到。于是，我对这节课求外角和环节是这样展开教学的：

师：我们都知道三角形的外角和是 360°，那么请同学们来研究一下四边形的外角和是多少度呢？

生 1：480°。

　　师（我有点意外）：嗯，还有其他的结果吗？

　　我想这个学生可能说不出360°，于是我也没有继续让他说。

　　生2：360°。

　　生2的回答使我松了一口气，总算有学生回答正确了。于是，我就追问其缘由，但这位学生的回答却出乎我的意料（非我预设的那样来生成），但我还是请他在黑板上画图说明。

　　生2：过点 $A$ 作 $AE /\!/ BC$。

　　当时或许是这个学生比较紧张，或许是我的催促干扰了他，他结结巴巴，一时讲不下去。我见状，只能跟学生们说："他的做法或许是正确的，但我们把他的想法留到课后研究，好吗？"

　　为了不影响上课的进度，我索性自己把四边形外角和等于360°的推导过程按照预设的方案揭示出来。

　　因为：$(\angle 1 + \angle ADC) + (\angle 2 + \angle BAD) + (\angle 3 + \angle ABC) + (\angle 4 + \angle BCD)$ $= 180° \times 4 = 720°$，所以 $\angle 1 + \angle 2 + \angle 3 + \angle 4 = 720° - (\angle ADC + \angle BAD + \angle ABC + \angle BCD) = 720° - 360° = 360°$。

　　此刻，我用眼睛瞟了一下刚才回答问题的那个学生，想他总该懂了吧。可是他根本没有在听我讲解，只管自己低头写些什么。当时，我也没多想，只是继续按我自己课前的预设进行教学。

## 二、案例分析

　　有位著名的教育家曾经说过："教育的技巧并不在于能预见到课中的所有细节，而在于根据当时的具体情况，巧妙地在学生不知不觉中作出相应的变化。"课堂教学应突出其过程性，让学生在知识的发生、发现、应用过程和在问题的分析探索过程中，通过师生对话、独立思考、自主探究、合作交流等活动，自主完成学习过程，优化学习效果。

### 1.追究"意外"，为之震撼

　　生1说自己当时认为三角形的外角和为360°，"平均"每个外角120°，四边形增加一个外角，故猜想四边形外角和为480°，事实上，这位学生对多边形内角和相关知识产生了负迁移，即每增加一条边，内角和增加180°，由此猜想每增加一个外角，外角和增加120°。

　　生2是想把四边形的外角和问题转化为三角形的外角和来解决，这是一次难得的思维训练机会，也突显了该生思维的直觉性（跳跃性）和对知识的自觉化归意识。他是这么解的：

解：过点 $A$ 作 $AE /\!/ BC$ 交 $CD$ 于点 $E$，则：$\angle 5 = \angle 4$，$\angle 6 = \angle 3$

因为 $\angle 1 + \angle 5 + (\angle 2 + \angle 6) = 360°$（三角形外角和为 $360°$）

所以 $\angle 1 + \angle 4 + \angle 2 + \angle 3 = 360°$

很明显，这是一种自觉化归思想的运用，多么精妙的思路啊！

在我们的教学中，常常出现这样的状况：我们上课的过程就是执行教案的过程。教师期望的是学生按教案设想做出回答，否则就努力引导学生直至达到预定答案为止……

如今随着新课改的深入，大家都有这样的体会：课堂上学生的学习活动空间大了，学习积极性和创造性也强了，有时教学活动正在教师的指导下紧锣密鼓、热热闹闹朝着预设的轨道前进时，半路杀出个"程咬金"。有学生冒出一个回答与你教学设计可能完全不同，但又带着"金子般闪光"的意外回答打断了你，若对这"意外的回答"给予重视，评价肯定，抓住其合理成分施教，势必打乱整个教学设计；若断然否定，置之不理，或搪塞过去，不但会轻易错过一个千载难逢的适合学生思维发展与创新的教学契机，而且还会严重挫伤学生的积极性和创造性，此种状况真是进退两难！

### 2.注重"即时生成"的价值问题

课堂教学的价值就在于每一节课都是不可复制的生命历程。生成的课堂需要教师展示学生的真实学习过程，及时调整预设的内容，不能拘泥于原来的教案不放。如果这节课能有足够的时间让生 1、生 2 说明理由，就可以纠正生 1 在本题中出现负迁移的错误，同时在生 2 的说理过程中也渗透了化归思想，这样让学生自己"生产"知识。只有学生自己"生产"出来的、浸润着学生自己血脉的知识才是有生命的，才会产生深刻的体验和感悟，才会使我们的教学在动态生成中得到完善，才能收获课堂的精彩。

### 3.反思"意外"，促使教师不断成长

课堂上，每个学生能力的差异性、生成资源的不确定性、教师教学智慧的不稳定性等多种原因都会出现"意外"，如何让这一次次的"意外"绽放一次次的异彩呢？当然这有赖于教师自身的素质，包括应变能力、知识储备等。因此，教师要不断充电，提升自己的知识和人文素养，做一个学习型、研究型的老师。我们教师，除了要有扎实的专业素养，还要通晓教育学知识，因为不了解孩子，不了解他们的思维、倾向，就谈不上真正的教育。只有"肚"里有"货"，我们才能应对瞬息万变的课堂教学，才能使"意外"绽放

异彩，而不是变为失败。

　　这就要求教师从根本上转变教学行为，正确认识预设和生成的关系，反思教学过程，使生成价值最大化。

### 三、应对策略

　　一堂成功、有效的课既离不开预设，也不能没有生成，但完全按照预设进行教学，将会无视或忽视学生学习的自主性，不管这堂课多么的环环相扣，突出的都是教师个人精彩的表演；但如果一味追求课堂上即时的"生成"，也许这堂课会热热闹闹，但由于缺乏目标，会出现"无的放矢"的现象，无论怎样的生成，教师都不能忘记自身的引导作用。那么新课程改革背景下如何使课堂"预设"更好地走向"生成"呢？只有课前精心预设，才能在课堂上动态生成，用智慧将教学演绎得更加精彩。

#### 1.精心预设，为生成起航

　　教学是一项复杂的活动，它需要教师课前做出周密的策划，这就是对教学的预设。准确把握教材，全面了解学生，有效开发资源，是进行教学预设的重点，也是走向动态生成的关键所在。

　　（1）准确把握教材。

　　教材是"大纲"或"标准"理念的具体体现，是学习内容的主要载体，也是学生学习的基本材料。教材是面向全体的，但不一定完全适合教师个体的教和学生个体的学。因此，教师在分析教材进行教学预设时，应在深入理解教材的基础上，根据学生实际和本人教学风格，对教材适当改编或重组，做出适合自己教学风格和学生水平的预设。

　　（2）全面了解学生。

　　教学是师生交往互动的过程，学生原有的知识经验、能力水平、个性特点必然影响着教学活动的展开和推进。因此，尽可能多地了解学生、预测学生自主学习的方式和解决问题的策略，是科学预设的一个重要前提。这点我深有体会。上个学期我从教四年级转到教二年级，前面几周上起课来特别吃力，为什么呢？就是对学生缺乏了解，在备课上很难下手，整个教学活动也很难展开。所以，教师要多与学生沟通，全面了解他们。

　　（3）有效开发资源。

　　动态生成本身就是在教学过程中随机开发和适时利用课程资源的过程。教师在制订教学方案时，要注重为学生提供丰富的课程资源。一方面自己要进行教学资源的开发和筛选；另一方面要指导学生通过各种渠道查找相关资料，从而优化预设，收获生成。课堂实践表明，有效的教学资源为学生个性化地操作提供了极大的空间，学生精彩纷呈的表现，令教师耳目一新。

### 2.不拘预设，为生成导航

课堂教学过程是一个由师生及其他因素动态相互作用的推进过程；由于参加教育活动有诸多复杂因素，教育过程的发展有多种可能性存在，教育过程的推进就是在多种可能性中做出选择，是新的状态不断生成，并影响下一步发展的过程。因此，我们应该以发展的眼光看课堂教学，卸下包袱，采取积极的态度，不拘泥于预设，带领学生一起探究，使课堂成为师生互动、共同提高的有利资源，迎来意想不到的精彩。

如一位教师在教学《夜晚的实验》前，在预设中本想借表格引导把握内容，进行语言转换训练，但临上课时发现学生对下发的表格不感兴趣，教师没有故步自封，一味地遵循课前的预设，而是及时调整方案，通过现场采访，趣化教学形式，与训练内容融合。

一上课，教师一本正经地说："同学们，今天老师想带大家跨越时空，回到200多年前，去了解一次具有划时代意义的实验，去见识、采访、感受一位伟大的科学家——斯帕拉捷，与他进行平等对话，进行心灵交流。"

听说见识古代科学家，大家兴致勃勃。教师马上提醒说："要与斯帕拉捷对话，需把课文读通，备好对话的问题，做好应对的准备。"很快，学生都全身心开始了阅读。

初读感知课文后，教师引导学生依据课文内容质疑问难，确定采访话题；想象拓展，预备应答话题。接着教师便引导学生阅读思考，深入探究：如果自己是斯帕拉捷，该怎样回答上面的问题；如果自己是记者，斯帕拉捷的提问该怎样应答。

学生细读深究后，分四人小组"对话"，两人充当科学家，两人充当记者，"科学家"尽力回答"记者"提问，"记者"尽力向"科学家"介绍情况。之后，学生登台，先当记者，对斯帕拉捷（其他学生）进行采访；后当"斯帕拉捷"，回答记者（其他学生）的询问。

这样的调整，使课堂发生了根本改变，学生兴趣浓了，参与意识强了，以推理为重点的思维训练、以转换为重点的语言训练、以形象为重点的内涵感悟，都得到了动态生长。

总之，教学过程的生成性对教学预设提出了更高的要求。只有创造性地使用教材、全面地了解学生和有效地开发课堂资源，才能使预设富有成效。也只有在实施预设时不拘泥于预设并能智慧地处理好预设与生成的关系，生成才会更加精彩。

# 主题 6　我的课堂效率低

　　课堂效率低的问题是一种比较普遍的现象，也是教育界比较头疼的问题。就像工厂对产品质量和生产效率有严格要求一样，高效的教育教学成为教师孜孜以求的目标，特别是在目前我国教育新政和新课改教育大背景下，课堂效率问题成为教育界最热门的话题，引起广泛的关注。

## 一、教育案例

　　语文课堂上，教师一般都会进行朗读、写字等示范指导。有效的示范指导能调动学生学习的积极性，促进课堂教学的高效。反之，当教学"示范不当"时，就会导致课堂学习的低效。

　　罗行小学钟老师执教人教版四年级下册《蝙蝠与雷达》时，在引领学生整体感知课文后，进行"检预学，固生字"教学环节，以检查学生"课前预习1"（生字词）的情况。在借助投影仪检查的过程中，钟老师在黑板的田字格上重点示范指导学生书写"蝙、避、揭、碍"等字。钟老师在示范过程中，大部分学生不是低头看桌面就是东张西望，根本没看钟老师的示范。为什么学生会出现这样的学习行为？是钟老师的字写得不漂亮，吸引不了学生的注意吗？其实不然，钟老师的字非常漂亮，一笔一画，工整得很，像书法家写的正楷字。

　　原来，钟老师借助投影仪检查学生"课前预学1"，发现学生写错"蝙"

时，她说："在预学时，我们有较多的同学写错'蝙'字，这是本课的生字，请你们认真看看老师是怎样写的，并要用心记下来。"她说完这话时，学生的眼睛是齐刷刷地投向黑板上的田字格，但由于田字格刚好被钟老师的头挡住了，当钟老师写"蝙"的第一笔时，学生怎么努力看也看不到老师的书写，于是就低下头或东张西望。钟老师"示范"书写的字虽然漂亮，但是没能让学生关注"示范"，这样的"示范不当"必然导致学生低效的学习行为。

钟老师执教《蝙蝠和雷达》一课，在引领学生总结全文，并让学生阅读课后"资料袋"时，出示了这样一段话："蝴蝶色彩斑斓，阳光照耀下时而金黄、时而翠绿，有时还由紫变蓝。科学家通过对蝴蝶色彩的研究，发现蝴蝶利用色彩生产的伪装在花丛中不易被发现，就在军事设施上覆盖蝴蝶花纹般的伪装，为军事防御带来了益处。后来，根据同样的原理，人们还生产出了迷彩服。"

在学生阅读这段话后，钟老师只告诉学生：人们根据蝴蝶的启示，发明了迷彩服。同时，钟老师还让学生说说还会在哪些动物身上得到启示，发明什么东西。一位学生说："长颈鹿的颈很长，能碰到树上的树枝，我们打羽毛球时经常把球打到树上，所以我想发明一根伸缩棒，这棒缩起来能放进口袋里，要用的时候就把它拿出来，非常方便。"学生说完这个例子时，钟老师没有及时进行指导点拨，导致后面的学生也说得不够理想。

## 二、案例分析

教师的教学行为是主导，学生的学习行为是主体。只有充分发挥教师的主导作用，才能充分体现学生的主体地位，引领学生主动、积极地学习，发展思维，获取新知，发展能力，而教师不当的教学行为直接影响学生的学习行为，以至于课堂学习低效。

课堂学习是师生、生生、生本的对话过程。教师有效的教学行为有利于促进学生养成良好的学习习惯、形成积极的学习态度，有利于学生主动学习、积极探究、发展思维、获取新知、发展能力，从而整体提高素养。反之，就会阻碍学生的学习，使课堂学习变得低效，浪费了宝贵的课堂学习时间。

教师只有注重自己的教学示范行为是恰当与有效，才能让学生产生有效的学习行为。如在以上教学环节中，钟老师让学生观察、感受自己的示范书写时，就要做到以下几点：第一，板书要让学生看得见、看得清楚；第二，及时表扬认真观察的学生，在表扬中教会学生观察的科学方法；第三，难一点的字还可以写得慢一点。只有这样，学生才会留心观察并把这几个生字牢记于心。

其实，当钟老师在以课件的形式出示"蝴蝶—迷彩服"这一例子时，及时以《蝙蝠和雷达》的阅读方法进行诱导：人们从什么动物——它的什么特点——得到什么启示，发明了什么？这样，学生说话就有"抓点"，就能有条理地把自己观察到的动物结合其特点和从中受到的启发，想象能发明哪样东西，一一说出来、写出来。那教师在点评时，再着重从这方面进行点评指导，进一步巩固学生的思维方式，学生说话、写话就能水到渠成，达到预设效果。可惜，钟老师在这个环节中，诱导与点评都泛泛而谈，抓不住学生思维训练的"抓点"，因此学生说话、写话就欠缺条理性与合理性。

观察发现，教师的不少行为偏离了教学规律或教学规范，使教学功能不能得到很好的发挥，对学生的发展产生不良影响与消极作用。概括起来有以下几种。

### 1.盲从性教学行为

主要表现为教师在课程内容和方法的选择、使用方面缺乏主见，盲目赶时髦、形式化，课堂表现为"散乱的活跃"，如表面自主、无效合作、随意探究、滥用表扬、盲目综合、无度开放、曲解对话、削弱基础等。学生活动量大了，但思维含量少了。显然，这样的教学行为是无效或低效的。盲目化、形式化最直接的原因在于教师尚未真正完成新课程理念。

### 2.强制性教学行为

表现为教师凭着社会赋予他的教师职业具有的权力，凌驾于学生之上，一切"教师说了算""我教你学什么，你就得学什么"，完全不考虑学生的实际需要，讲解过度，指导过度，包办代替，课堂交往和有效互动建立不起来。多数老师认为教学就是按照教学大纲"教教材"，教师、教材依然处于中心位置，受这种观念支配的教学依然是"S—R"（"刺激"与"强化反应"）之间的简单联结。

### 3.偏失性教学行为

教师教学过程中因片面关注某一方面而忽视另一方面，教学目标设计陈述模糊、笼统、片面，"三维"目标不能得到有机结合。在座谈、问卷调查中，不少教师认为教学中心的唯一目标是完成认知性任务，忽视了教学过程中"人"的因素，教学目标被严重异化，致使教学效益不大。

### 4.随意性教学行为

一些教师缺乏应有的教学效率效益观念，一味强调增加学习时间和刻苦程度，教学中存在只问产出、不问投入的错误理解，使许多学生的学习处于投入大、负担重、效率低、质量差的被动境地。更有甚者视教学为儿戏，课前不认真备课，在课堂上随意发挥、废话连篇、节奏松垮、毫无教学效益意识。

### 5.滞后性教学行为

这种行为表现为教师采用的教学方法、教学技术手段已远远滞后于学生发展的需要。教师的思想、信息赶不上学生的理解程度。

## 三、应对策略

苏霍姆林斯基曾说过："如果学生在掌握知识的道路上没有迈出哪怕是小小的一步，那对他来说，这是一堂无益的课。无效的劳动是每个教师和学生都面临的最大的潜在危险。"课堂教学是一门艺术，是一种需要教师与学生共同参与的复杂性活动。真正的课堂教学应该是高效的。那么，如何打造高效课堂呢?

### 1.教师一定要对学生有普遍的关注

教师要经常用目光或微笑与学生交流，这是实现普遍关注的前提。要让所有的学生都能从微笑和目光中得到一种关注，感受到一种温暖，获得一种支持;要用欣赏、夸奖的手段体现关注，对学生而言往往表达一种积极的心理暗示"老师器重我"。教师要把学生每一点积极性、每一点学习热情保护起来，让它生长起来、壮大起来。

教师可以用提问或允许回答问题来表达关注。不经意的允许能满足学生的被认可感，满足学生被肯定的需要。教师也可用"中断定势"的形式表现关注。当学生表现得没有积极性、否认自己成绩的时候，教师用"中断定势"的方法打断学生对自己的消极认识来表现对学生的认同。教师要让每一个学生都感到自己的重要性，让每一个学生都不再产生自我贬低、自我矮化的想法和行为。

### 2.教师对课堂一定要有创新

启发激趣，让课堂变得生动活泼。兴趣是构成学生学习动机中最为活泼、最为现实的成分。有了兴趣，还会萌发创新意识，而在创新过程中产生的无穷无尽的兴趣又再次促进创新。兴趣越大，学生学习的效率就越高。

（1）质疑交流，让课堂变得有理有趣。

教师要通过让学生自己提问来组织教学，引导学生积极参与、主动探索，为他们创设动脑、动口、动手、释疑解难的机会；通过师生平等交流，培养学生独立思考，解决实际问题的能力，发挥学生的主体作用，让学生感觉学习是讲理的心智活动而不是硬"灌"。学生由被动的接受变为主动的学习，学习的效果肯定也会提高。

（2）提倡"合作"，让课堂变得融洽愉悦。

合作学习能满足学生的心理需要，促进学生的情感发展，充分发挥学生的积极性和主动性。在学生群体合作学习的过程中，教师的任务就是当好导师，及时发挥点拨导向作用。合作学习很有好处：第一，拓宽思维，深化学生的认识；第二，培养和训练口头表达能力；第三，培养合作精神。

（3）运用现代教学手段，让课堂变得丰富直观。

运用现代教学手段进行多媒体教学，可以提高学生的学习兴趣，加深对教学内容的理解，发展学生的观察能力和思维能力，获得课堂教学的高效率。

（4）体现现代课堂结构，让课堂变得热烈主动。

要把课上活，就必须改变传统的教师主讲式而学生单向静听式的课堂结构，变为多向立体式现代课堂结构。传统的单向静听式结构，其教学方法是填鸭式、注入式，教师积极性高，学生主动性差，这样的课堂教学效率是低下的。而多向立体式结构的教学方式是现代启发式，学生自学，老师进行针对性精讲，把主要精力放在发展学生智力、培养能力上，师生之间互相质疑问题，探讨真理，课堂教学活而不空，实而不死。

（5）分层次教学，让课堂变得满园花开。

面向全体学生教学，能大面积提高教学质量。而要真正做到面向全体学生，就必须彻底抛弃"一刀切"，实行分层次教学。教师要根据不同层次学生的起点提出不同程度的要求，使他们在各自的起点上都有提高。

### 3.要营造良好的课堂氛围

教师要让所有的学生都能够对自己有自信心，此时的学习才是最有效的；让所有学生都洋溢着生命的活力，在这样的课堂里，学生才会感到轻松、活跃、精力充沛；让学生学会自我管理，在这样的课堂里，每个学生才都能实施自我管理，都能感到要对自己负责；让所有学生都有归属感，学生彼此间才能相互聆听、认同和尊重，不仅提高学习效果，而且可以提高品质修养。

# 班级管理为什么松懈

　　班级管理是一种有目的、有计划、有步骤的社会活动，这一活动的根本目的是实现教育目标，使学生得到充分的、全面的发展。由于班级管理是一种组织活动过程，体现的是教师和学生之间的双向活动，因此，教师及学生中只要有一方出现问题，就必然给班级管理带来问题。

# 主题 7 最后的通牒

一个严谨优秀的班委组织，有能力把一个班级支撑起来，给全班同学一个更广阔的空间，去学习生活，去发展自己的特长。每一个班委组织成员都是班级的顶梁柱，都负责班级的方方面面。

## 一、教育案例

那次物理实验课，老师突然任命，一切来得都是那么突然，最没有野心的我就这么稀里糊涂地当上了班长……

也许是当时的人缘因素，也许是当时的成绩因素，总之这一次的任命激起了好多人的冷眼相待。"老师就偏向他。""凭啥是他？""他？不行，等着看好戏吧。"呵呵，那时我也只会装作一个无关人，什么都听不到、一味忍让的无关人，只是暗自下决心管理好班级，对得起老师。

当初任命时，老师另设了三个纪律班长，于是班级就总会出现三个班长轮流走上台前的一幕，当我不存在，拿我当空气，真是很难堪啊！渐渐地，同学们对我的批评不绝于耳，"班长一点能力都没有，还班长呢"，那三个人也是在背后黑我黑得最严重的三个人，每次年级找班长开会，都会出现四个班长起立上前的场面，"懦弱的我"也总是第一个坐下来。

以至于有一阵子我也开始怀疑自己的能力，怀疑自己一无是处、怀疑自己懦弱。但没想到，更严重的挑战还在后头。

直到班主任找到我，给我下了最后的通牒："如果你还没有赢得其他同学的拥护，那你就拥护别人！"我是不是该做点什么？

渐渐地，我仿佛得到了令牌一般，开始全面处理班级事务，但还是不得民心，不和谐的声音此起彼伏，后来甚至发展到课堂的对峙，但是每每到此时都有无数双炙热的眼睛在望着我，在等着看笑话，没人能够体会到那种无助，相信很多班长都有体会吧。在自己故作坚强的外表下我努力地掩饰，努力地遮蔽，努力地撑住场面，什么情况都不去跟老师诉说，没有同学可以倾听，渐渐地学会自己吞下所有的苦衷。

一次同学请假上厕所，在我的一再否决下，他视我不存在般离开座位走向卫生间。当时压抑在我心头的愤怒终于一口气泻出："滚回去！"当时全班的眼神迅速转移到了我身上，事后同学告诉我，当时的我青筋暴起，没人敢插一句嘴，这可能是我在班级的第一次建立威信吧。在那之后爆粗口仿佛成了管班的习惯，也只有这样才有人会听我的话。

渐渐地，越来越多的同学见到我避而远之，同学对我也是貌合神离。终于在一次老师外出一周学习的时候，班级彻底陷入了混乱……

## 二、案例分析

最后的通牒之下，案例中的班长没有采取以德服人，却用武力和粗俗的语言进行了班级管理，其结果也是可想而知的。

班委组织这个机构只有打造成一个高度协调、高效率、强服从力和强执行力的人才聚集地，才能让班委组织各个成员发挥其优势，扬长避短，找到最适合自己的位置，做最适合自己、最有利于班集体的事情，而这一切都需要班主任慧眼识英雄。一旦班委确立，以后就不便作大的变动，因为小的调整，都会对班级及其个人造成较大的波动。

一个优秀班集体的建立，不仅需要经验丰富、富有活力的班主任，详细而严格的班规，还需要一个完善的领导班子，其中班长是重中之重。

一个优秀的班长是非常重要的。俗话说："治大国如烹小鲜。"管理班级亦如治理国家。班主任虽然很尽心、很负责，可是所处位置不同，也就不可能看到班级的真实面貌，这就需要班长的协作。有的班主任自认为只要勤快些，制度完善些，管理好一个班级不在话下。所以对班长这件事没怎么上心。可是时间一长就会发现，虽然每天累死累活，可是收效甚微。因为班主任再怎么负责，也不可能24小时盯在班里，这样就导致班主任在班里时一副安静学习状，一走就是一副菜市场样。班长不同于班主任，他一直在班级里，完全可以维持纪律，随时向班主任汇报班级动态，所以一位负责的班长必不可少。他可以减少班主任的工作量，大大提高管理效果。

好的班长都是自己跳出来的。一条向前流动的小河，大多数的鱼都规规矩矩地在水里游着，只有极个别的鱼跳出水面，向世界宣告它的与众不同。这是它的自信，也是它的资本。班主任选班长也是选这种敢于冒头的学生。规规矩矩、听话的孩子能管理好自己，但是却没有压倒众人的底气；太过老实的学生能认真地处理你交代给他的任务，但是很难独当一面。所以要选择那些自己跳出来的学生做班长，他们就像烈马，一旦真正被收服，将会展现出无与伦比的风采。

优秀的班长是需要不断培养的。再好的美玉，不经雕琢，依然难成大器。跳出来的学生，虽然有一定的优势，但与之一起显露出来的还有身上一堆坏毛病。所以作为班主任，不是光把班长选出来就万事大吉，还要不断敲打、不断打磨，才能慢慢培养成班级需要的班长。

一名好的班长务必要听班主任的话。班长之所以是班长，是因为班主任需要他来了解班级动态，协助管理班级，这也就意味着班长应该和班主任站到同一条战线上来，出谋划策、想方设法把班级管理好。大部分班主任头疼的地方在于，班长的觉悟和普通学生一样高，认为自己应该和班里的兄弟姐妹们站在一起对付班主任，包庇隐瞒一些学生的犯错行为，和老师打马虎眼，从而使班主任的政策没办法得到很好实施。碰到这种情况，班主任应该多跟班长谈心，不要劈头盖脸地批评班长，刺激其产生逆反心理，从而形成恶性循环。

多与班长沟通，让他和班主任思想在一个频道上，让他明白现在监督举报学生并不是害他的伙伴，而是帮助他们改正错误。这不是一蹴而就的事情，需要班主任长期不断地工作。培养一名合格的班长会让班主任的工作事半功倍，因此很有必要多下点功夫。

## 三、应对策略

苏霍姆林斯基说："让每个学生都抬起头来。"我们说："把机会给每一个学生！"相信每一个孩子，尊重每一个孩子，为每一个孩子的发展创造契机，这是我们每一个教育工作者神圣的职责。如何选拔并培养一批得力的班干部呢？

### 1.善做伯乐，知人善任

当代学生思想活跃，见多识广，分析问题日趋深刻、全面，这样自然对他们的"领头雁"提出了更高的要求。选拔班干部一定要从学生实际出发，确定相应的选才标准：一是能力强，主要包括组织能力、号召能力、协调能力和语言表达能力，这是当班干部的必要条件。二是品德表现好，良好的品德是班干部所不可缺少的。班干部要勇挑重担，为人诚实，关心集体，愿为同学服务。三是起表率作用，班干部要能自觉遵守纪律，积极参加各项活动，乐于奉献，时时处处以身作则。班主任要善做伯乐，平时认真观察学生能力的高低、品德的优劣、态度的真伪，以慧眼识才；在充分掌握情况的基础上，反复权衡，通过任命、民主选举等方式确定班干部。真正把那些德才兼备、在同学中具有一定威信的同学选出来，让他们担当起管理班级的重任。某班有个女生成绩一般，但她胆大泼辣，口才较好，具有很强的集体荣誉感。由她担任副班长，负责班级卫生和纪律，工作完成得相当出色且能独当一面。

### 2.激发工作热情，让班干部愿管、乐管

精心挑选出来的班干部虽然工作热情相对来说比较高，但真正要使他们变"要我管"为"我要管"，把管好班级变成他们自身的需要，做到愿管、乐管，还需进一步激发他们的工作热情，向他们着重讲清"两个价值"，即人生价值和实践价值，使他们懂得以下"三个道理"。

（1）当班干部是锻炼自己的好机会。

实践出真知，工作长才干。管理班级需要胆量、勇气、信心、毅力和各种能力，这些素质是当代青年走向社会必须具备的。当干部，虽然花了不少时间和精力，却能使自己得到锻炼，所以应当自觉去做、乐于去做。

（2）当班干部是促进自己努力学习的一种动力。

班干部不仅是执行纪律的标兵，也应成为勤奋学习的模范。当选干部的同学总会受到一种无形力量的鞭策，激励自己千方百计地提高学习成绩，成为同学们的表率，如上面提到的同学当选为副班长后，学习更加勤奋，成绩由中等提高到上游水平。

（3）当班干部能培养可贵的参与意识。

班干部不仅要为班级办事，而且要胸怀全局，善于处理个人与班集体的关系。当班干部能在工作中逐渐养成为他人服务的奉献精神以及参与意识。总之，班主任要善于引导学生用发展的眼光看待今天受到的锻炼，使其懂得学生时代当干部会终身受益，使其明白满腔热情地工作可以锻炼自己，增长才干。

### 3.精心培育，让班干部会管、善管

要使班干部在各方面都能挑起重担并成熟起来，真正成为得力的助手，就需班主任用心引导，让他们会管、善管。

（1）引导班干部正确处理与同学的关系，树立在同学中的威信。

班干部既要接受班主任的领导，又要为同学服务，接受同学的监督，因此常常处于各种矛盾的交叉点上。班干部与同学关系是否正常，将直接影响

班干部职能的发挥。要指导他们协调好各方关系，要求他们以身作则，关心同学，愿为大家服务，要时时想到手中的权力是集体赋予的，不能有高人一等的优越感，不能滥用手中的权力，以此来不断提高班干部的威信。

（2）帮助班干部掌握一些具体的工作方法。

学生毕竟是学生，经验相对不足，班主任要结合具体工作过程，通过剖析实例，总结经验教训等方法，向他们传授一些基本的工作方法。第一，分析情况，把握全局，确定工作目标的方法；第二，从班级实际出发，搞好宣传工作，形成正确舆论的方法；第三，动员、组织学生参加大型活动的方法；第四，与同学交谈，耐心做思想工作的方法；第五，如发生矛盾，可采取当面交谈或书信谈心的方式，沟通思想，消除误会，化解矛盾，避免公开冲突的方法。

（3）敢于放手，大胆用人。

班主任要充分信任班干部，敢于放手，大胆用人，把他们放到工作一线上去，给他们提供施展才华的机会。如举行故事比赛，让班干部制订评分细则，担任评委；由班干部独立主持晨读、自学等。放手不等于不管，若遇到难题，班主任要当好他们的后盾，为他们排忧解难。敢于放手，大胆用人会带给我们意想不到的惊喜。

首先，培养了班干部的自治自理能力，使他们受益终身。班级活动自己搞，墙报、板报自己办，班级纪律自己管，班风、学风自己创，班干部确实起到了"小老师"的作用。在班级实行民主管理、值日班长制的同时，应当看到还有相当多学生的优势没有发挥出来。因此，应鼓励班干部结合学生自身兴趣爱好、优势特点，带动全班学生自愿组合，自编小队，自定角色目标，自组活动，自主发展，有困难可帮助解决。这些活动为学生提供释放能力、自我完善和自我实现的广阔空间，深受学生的欢迎。如假日小队，同学利用假日到福利院做好事，搞活动，使他们体现自我价值。又如劳动小组等，班级产生自行车摆放长、大扫除长、板报长、学生衣着长、调解长等，使每个学生从班级幕后走到幕前，积极上进，满腔热情地投入班级的管理，在自己所建的组织中实现自我，完善自我。

其次，使班主任能够更快捷地掌握班级动态。班主任固然要经常深入班级了解情况，但由于诸多因素，不能对班级各方面的情况都了如指掌，尤其是对学生在课外的表现更难洞察。培养一支得力的班干部队伍之后，班主任就能通过听汇报等方式及时发现并解决问题，把一些不良现象消除在萌芽状态中。

最后，使班主任从繁杂的班务工作中解放出来，从而腾出较多的时间解决一些根本性的问题。每过一个阶段或是一个学期，班主任都要自问"如何选拔并培养一批得力的班干部呢"，然后在这样的反思中不断调整工作思路，在实践中继续加强指导培养，一支强有力的小助手队伍就这样一点一点被带出来了，而班主任才有更多的时间和精力投入其他工作。班主任培养一支得力的班干部队伍可收到事半功倍的效果。

班主任、班干部及学生三者之间的关系如同伞柄、支架和布，一个再好的伞柄如果没有支架的支撑是无论如何也撑不起来布的。要注意的是每个人的情绪不可能永远高涨，班干部遇到挫折的时候也很容易沮丧，这个时候班主任应该教他们一些工作方法和技巧。总之，科学的管理方法，不但使班主任在班级工作方面达到事半功倍的效果，而且能使班主任更加热爱自己的育人工作。

# 主题 8　错给下马威

《汉书·叙传》记载西汉时期，豪门贵族班伯主动请缨到混乱的定襄去做太守，当地豪绅"畏其下车作威，吏民竦息"。意思是说当地豪绅担心班伯到任时要对下属显示威风，所以有所收敛。"下车"并非指从车上下来的动作，而是指官员初到任。后来，"下车作威"便被"下马威"代替。

许多新班主任，担心自己管理不好班级，喜欢借个事由严惩"违纪"学生，给新班级来个"下马威"。

## 一、教育案例

作为一名在教学一线站了二十几年讲台的小学教师，我在教学生涯中，有过很多美好的回忆，也有过一些失败和后悔的事情。自己年轻时由于没有教学经验，没有应对突发事件的能力，易动怒，在处理一些事情时伤害过一些学生。

记得有一次，我哼着歌，刚刚走进三年（4）班的教室准备上课，就有学生告诉我，刘云没有交作业，我当时心里不愉快却没有表现在脸上。

我认为教书最主要的一条就是管得住学生。要想管住学生，就得先给学生一个下马威，不然的话，学生不怕你，以后你的工作就开展不下去。我决定在班级同学面前树立一下自己的威信。

上课时，我正在兴致勃勃地讲课，大家回答问题也说得头头是道，讨论得很激烈，见学生学习的劲头这样足，我也暗自高兴。这时，我发现刘云正低着头，好像在课桌箱里做什么事情，瞧他的神态，我判断，他的精力没有完全集中在课上。我走到刘云身边，轻轻地敲了一下课桌提醒他注意听课。

可是过了几分钟，刘云又在低着头看课桌里的东西了。顿时，我内心深处涌起一丝不满，我快步走到刘云身边，决定借此机会给他个"下马威"。

于是，我放下手中的课本，气势汹汹地走到刘云身边，重重地敲了敲他的桌子说："下面，请同学们注意听刘云回答课文后面的第三个问题。"全班同学都明显感觉到我的变化，教室里的气氛一下子凝固起来了。

刘云惊慌失措地站起来。因为没有听讲，不要说回答问题了，连书翻到哪一页他都不知道，脸一下子涨得通红。他连忙抬起头环顾了一下四周，低头看了看书，又抬头看了看我，同学们忍不住笑出了声，我摆了摆手，课堂上出现了短暂的沉默。

我就站在他的身边，看着他，不说话也不走开。我暗自思索：是让他坐下去了事呢还是继续？我耐住性子说："请你把题目读一遍。"

我原以为他会立即念题目，可谁知他用牙齿咬住下嘴唇，低下了头沉默不语，周围响起了议论声，有同学小声地催促他："念啊！"可他还是不读题目，开始与我对抗起来，先是故意扭扭身子，再眯着眼睛看看我，然后慢吞吞地自己坐下去，一副满不在乎的样子，弄得我在其他学生面前很没有面子。

"站起来，你搞什么名堂？不听讲，不回答老师的问题，还想站就站、想坐就坐的，像什么学生？"我急了，声音大了起来。

"告诉我，刚才你低着头在做什么？"我继续大声地问道。

"啪！"令我想不到的事情发生了，刘云从课桌的桌箱里抽出一个软皮本，摔在我面前的桌子上，睁大眼睛看着我，一副要杀要剐随便你的架势。我更觉得自己在其他学生面前没面子了，我急了。

"唰唰唰！"我几下就把那个本子撕破了仍在垃圾桶里。这时下课铃声恰好响了，我宣布下课。走出教室时我回头看了一眼刘云，只见他依然站着，面无表情。

第二天，刘云的妈妈来到学校，很委婉地说他们知道刘云很淘气，老师对他严厉是应该的。另外她想找到昨天被我撕破的本子碎片，要带回家重新拼接起来。

经过了解我才知道，原来那个本子是刘云舅舅的女儿，也就是刘云的表姐送给刘云的一个歌本，上面的十来首歌都是刘云的表姐亲手抄下来的。最后，刘云的母亲还告诉我，刘云的表姐一个月前出车祸不在人世了。

我瞬间被惊住了，这样做无疑更伤了学生的心。我现在好后悔，自己怎么就没有多一点耐心和宽容呢？

我是老师，他是学生，我是成人，他是孩子，我明明知道他没有听讲，为什么非要逼着他回答问题呢？这不是强人所难吗？我又为什么要撕本子呢？如果我多一分耐心、多一分宽容，事情就不会发展到这个地步。还有一点就是我自己怕丢面子，但老师的尊严可不是这么维护的，如此给"下马威"的方法要不得。看来教育学生不是一朝一夕的事情，它不仅仅需要家长、老师不离不弃的智慧教育，还需要我们多一分耐心、多一分宽容。

## 二、案例分析

给全班同学一个"下马威"，是班主任在班级管理中常用手段。这种方法确实很有震慑作用，但是班主任还是还慎重使用这种管理手段为好。

如何对此做些深层的思考？

其一，我们的教育对象是作为"万物之灵长，宇宙之精华"的人。新课程教学观要求教育者必须首先拥有"以人为本"的教育理念。班主任对待犯错误的学生，必须把学生当作与有人格尊严的人，只有这样，才有可能取得教育实效。

其二，我们又怎么忍心对可爱的学生"严打整治"？学生犯了错误需要接受教育，但我们决不能把他们"定性"为班主任的"专政"对象。错误人人会犯，何况涉世未深的学生？"严打"是什么？"严打"就是"简单粗暴"。"严打"什么？"严打"的是"罪人"。对待错误用的该是"教育"，"教育"拒绝"简单粗暴"，"教育"决不等于"严打"。

其三，我们又何苦让班级学生个个"整齐划一"、人人"按部就班"？新课改所倡导的创新教育十分注重学生的个性发展，而学生的个性总是千姿百态的，如果我们机械地要求学生"整齐划一"、人人"按部就班"，就有可能泯灭学生的个性，有可能扼杀学生的创新才能。

其四，难道通过学生违心地"循规蹈矩"而获得的所谓"文明班级"就是班主任所追求的终极目标吗？班级管理的目标应该定位于能促进建立在学生个性张扬基础上的创新素养和创造才能的培养和提高，定位于学生的全面可持续发展。"文明班级"只是该目标的体现或者是实现该目标的路径，但是通过"下马威"使学生"循规蹈矩"而获得的"文明班级"决不是以上目标的体现，也不可能是实现以上目标的路径。所以，无论如何，滥用"下马威"的办法对待犯错误的学生是要不得的，用这种办法获得的"文明班级"也只是"空壳"而已，班主任老师必须摒弃这种教育方法，理由有以下三点。

### 1.会造成班级内的高压气氛

班级管理中，应该依规办事，依照班规处理问题。如果有的同学只是犯了一点点小的错误，班主任就大发雷霆，严厉处罚，势必会在班里造成高压氛围。同学们心里也是不服的。班主任不要妄想学生会站在老师的立场上，其实他们还是和被处罚的学生站在同一立场的。

### 2.会造成不公平的现象

既然前面同样的错误或者问题使班主任大发雷霆，严厉处罚，再出现这种情况，如果班主任不做出同样处理，会让学生感到不公平。我们班主任也常常会遇到这种现象，就是学生反映班主任处事不公平。

### 3.很难坚持到底

为什么要用对一个同学的严厉处罚来警告其他的同学？班级管理是一个长期的过程，在班主任带这一个班的时间里，这样的做法很难坚持到底，因为本身的出发点不对，班级要想有好的环境，还需要有好的班级制度和全体学生遵规守纪的意识。

## 三、应对策略

那么，班主任究竟应该如何对待学生所犯的错误以及犯错误的学生呢？班主任要学会"善待"学生的错误，学会"宽容"犯了错误的学生。班主任必须摘掉"有色眼镜"，拿出一颗真诚的爱心去感化他们、去教育帮助他们，从而使其不断地改正或减少错误。

班主任成功的教育，都是严慈相生、刚柔相济的，缺少任何一方，教育的方向都将跑偏。严，即班主任严格要求，严格管理，不放松，不迁就；慈，是对学生真诚宽容的爱，没有爱就没有教育，失去了爱的教育是没有生命的教育。怎样做到严慈相济呢？要从"严"字入手，用"爱"疏导。

### 1.严字当头，爱在其中

中小学生正处于身心发育时期，他们的言行都有很大的不稳定性。作为班主任，要严格要求学生，把握学生人生发展的正确方向，让学生养成良好的习惯。严是对学生提出的目标要求，要坚定不移贯彻到底；对学生违反纪律的行为要坚决制止，直到彻底改正；对学生不良习惯的纠正一定要常抓不放，坚持不懈；对学生的学习一定要严谨认真，一丝不苟；对班级日常问题、师生关系处理要严肃宽容；对学生的个性培养要持之以恒。但严的前提是尊重学生，爱护学生。作为班主任，最主要的是有一颗爱心，要尊重、理解、欣赏、信任学生。

### 2.严之有理，严中有爱

严之有理，就是要晓之以理，动之以情。班主任在与学生打交道的过程中，要把尊重、信任、热爱、关怀学生与给学生提出的严格要求结合起来。教师尊重学生的同时体现对学生的严格要求，但严格要求并不是表面的严厉，而是要合情合理。记得有一次，某班上有六个学生在上地理课期间，逃课到操场打篮球。班主任知道后，心平气和地让他们认识到这次行为给自己、给班级带来的危害和影响，并在全班同学面前做公开的检讨和保证，收到了很好的效果，以后再也没有学生敢逃课了。对于一些管不好自己的后进生，教师同样应关爱他们，让他们感到教师是真心实意地关心他。

### 3.严而有度，爱而不纵

严格要求应该是合理的、善意的、可理解的和现实的，即有尺度。严格必须有利于学生的道德、智能、身心及审美情趣的发展，而不能压抑其中某一方面的发展。严格应是出于对学生真诚的爱和关心，应让学生认为有必要接受并经过努力能做到，而不是对教师的盲从。对于新生入学，首先应注意培养良好的习惯，大到理解前途教育，小到坐、立、行、走、吃、住，都要严格要求，规范其行为以便使其养成良好的行为习惯，形成良好的班级秩序。

同时，严格必须把握分寸。在班级管理中班主任常会碰到一些头痛的事，如学生乱丢纸屑、上课迟到等行为，特别是一些学生不服管教、当面顶撞老师等。这种情况下，班主任往往急于做出处理，"杀鸡儆猴"，甚至做出从重处罚的决定，然而过重的处罚必然导致学生心里不服，也达不到教育的目的，对犯错误的学生应给他们留有改正错误的机会。

总之，严应有度，超出了尺度，就会变成苛刻，不但不能对学生有积极的作用，反而会引起学生的反感、畏惧；爱，不讲原则就会变成放纵，容易使学生为所欲为，没有规矩。在教育学生的过程中，应掌握好分寸，将严与爱科学地结合起来。

### 4.严而有方，爱而有法

严而有方，爱而有法，体现了对班级要进行科学管理，对学生要讲清道理，处理事情要合理，既体现爱，又要在爱中体现处理方法。比如总有个别学生搞清洁区卫生时，经常等别人完成才来，想偷懒。遇到这样的情况可以单独给他分配任务，并亲自与他一起动手完成，这样他再也不敢迟到偷懒了。其实，每个学生都需要正确引导才能健康发展。信任和被信任，是人与人之间互相尊重的表现，但往往我们对犯错误的学生引导方法不当，缺少与他们沟通，忽视了他们的亮点和契机。

### 5.严要规范，爱要公平

"学高为师，身正为范。"一个教师的言行举止，会对学生产生潜移默化的作用。作为班主任更要品德高尚、言行规范、严于律己，起带头作用。比如，一次开学做卫生，分到一个卫生死角时，学生都缩头往后退，我上去一看，原来，那角落里有发臭的垃圾，二话不说，拿起工具便干起来。紧接着，学生也行动起来，不一会儿，任务就完成了。

教师应该公正公平地对待每一个学生。有这样一句话："爱优生是人，爱差生是神。"教师虽不是神，但应具有神一样的胸襟。再者，教育对象不可能素质能力都一样，但也不应当受到歧视和忽略，要满足学生求发展、求进步的需要，使学生从教师的行为中看到希望、受到鼓舞。无论是成绩好的学生还是差的学生，教师都应毫无区别，用真心去关爱他们、呵护他们。对那些成绩优秀、才华出众的学生，教师要稳定发展其特长和优势，并锤炼其意志，帮助其心理得到健康发展。对那些成绩差的学生，教师应多多鼓励他们，给他们有表现的机会，让他们对自己有信心，逐步提高成绩。

# 主题 9　互相打埋伏

互相打埋伏，指事先隐藏起来，等待时机出动，也比喻隐瞒问题或隐藏物资，其实质就是相互包庇，互相纵容。学生之间的相互包庇，会滋生种种道德甚至犯罪问题。

## 一、教育案例

学生请假问题是班主任要面对的日常问题之一。如何把握学生请假原因的真实性，还需要班主任练就一双火眼金睛，而这个过程需要班主任的耐心和智慧。对于班级学生请假，我的办法是首先学生提出申请，然后由五名班委会中的三名签字同意，最后由我审核。这样做，有效地避免了很多无谓的请假，也提高了班级管理的凝聚力。但是，事情还是发生了……

那是一个周日的傍晚，因为我要看晚自习，就早早来到了学校。先到班里转了一圈，看到大部分同学都在教室，情况比较稳定。离上晚自习还有半个多小时，于是我就准备备会儿课。这时有人敲门，我打开门吃了一惊：门口站着的是我们班的李雷。他左手臂上缠着纱布，右手托着左手，右小腿上也缠着纱布。看到他的样子，我急忙问：你这是怎么了？快进来坐下说。他一瘸一拐地走进来，坐在我办公桌旁边的一个凳子上。李雷是我们班的一个体育生，每天下午都要参加体育训练。

他说他在下午体育训练时摔着了，是钉子鞋剐伤了他的手臂和小腿。我看他已经包扎完了，就问他是不是打算现在回宿舍休息。出乎预料的是，他说还想请假出去看看，并且拿出了三名班委成员签字的请假条，签字的班委都是和李雷关系很好的同学。

这时我脑海里闪现一个念头，是不是他受伤是假的？之所以这样想是因为我有过一次上当受骗的经历。那天同样是一个下午，李雷托着受伤的腰来找我请假。我问他怎么回事？他说是体育训练受了伤，要到中医院去看看，因为他叔叔在中医院工作。出于对他的信任，我没有多问，就准了他假。恰巧那天我晚上要做课件，没有回家吃饭。学生开始上晚自习后，我准备去学校附近的小饭店里吃饭。刚到门口，我就听见李雷在里面和几个体育生有说有笑。我确定李雷在里面就没有进去，换了另外的一家。后来证实那次他的确撒谎了。

接着我问他打算到哪里去看，他说打算到城南医院去看。我说你打算怎么看呢？他说打算让医生给抹点药水。这时我心里就很怀疑了，心想：你不是都包扎完了，医生怎么可能还没给你抹药水呢？因此我说：你把你的手臂放在我的桌子上，我看一下。他迟疑了一下，还是把手臂放在了我的桌子上。于是我就去解缠在他手臂上的纱布。我一碰到纱布，他立刻显出疼痛的样子。但是我决定还是要揭开看一看。随着纱布一圈一圈地揭开，他也一点一点地紧张起来。当纱布最终完全揭开的时候，我看到他的手臂完好无损。

接着我又让他把腿上的纱布揭开，腿上也是没有任何伤口。谎言被识破之后，他耷拉着头，似乎等我狂风暴雨式的批评。我没有立即批评他，而是深深地叹了一口气说："你为了请个假真是处心积虑用心良苦啊。"接着问他为什么要请假出去，他说：矿务局二中的一个同学过生日，他想去参加同学的生日宴会。我掏出手机递给他，让他给同学打电话说今天晚上不去了。他很无奈地接过手机给同学打了个电话。

后来我并没有批评他，只是给他讲了道理，希望他能做一个诚实的孩子。然后我找到了给李雷签字的三名班干部，三人看到李雷的阴谋被我揭穿了，非常害怕，三人相互推诿，都把责任推给了李雷。看到这种现象，我非常气愤，严肃地说："班干部要勇于承担责任，犯了错误不可怕，可怕的是不知道改正！相互打埋伏更是不负责任的表现！"

## 二、案例分析

学生班干部遇事相互打埋伏，轻一点来说是原则性不强，没有底线，重一点来说会滋生骄傲情绪，严重的会违规甚至犯罪。案例中的三名班干部与李雷是否还有别的交易，我们不得而知，但现实中班干部的腐败问题却是历历在目。

在学校，班干部是班主任的直接代理人，拥有班主任赋予的"最高权力"，这些"权力"包括了检查作业、背书情况、汇报班级同学学习情况等，在一个班级小社会，这些"权力"可能让学生变得复杂，甚至滋生各种各样的"腐败"问题。

就拿选举来说，学生刚开始可能是出于对班干部的向往才开始竞选，但出于对权力的崇拜，极有可能选着选着就"变味儿"了。

### 1. "贿选"

武汉一所小学的学生，为了在班干部竞选中获胜，有学生"刻意"帮助他人，花小心思博取其他同学的"好感"；有的学生为了让班上的同学投自己一票，不惜买零食来"贿赂"。

还有妈妈发现孩子经常把作业给其他同学抄，她质问后得到的回答却是，让同学抄作业是为了在竞选中队委和班长中获得更多的选票。更有甚者，为了让孩子当上学校的大队干部，孩子家长在校门口帮孩子拉选票，给小评委送礼物或承诺当选后请客。

### 2. "滥用职权"

汉口曾有一名小学五年级男生写信举报反映班干部"滥用职权"的行为，说班上变得乌烟瘴气。原来，该男生因为没有请班干部吃冰激淋，上了班级不守纪律的"黑名单"。他还发现：和班干部关系好的，迟到、违反纪律都可以"豁免"；关系不好的，稍不留神就会被记一笔。

### 3. "收受贿赂"

有媒体报道，某中心小学三年级的一个班级，班长及班级委员可以吃整块的饼干，小组长只配吃碎饼干，毫无"职务"的普通同学只能看别人吃饼干而不停地咽口水；班长及班级委员可以时不时地得到同学送的漂亮钢笔或高级水枪，小组长得到的是橡皮或铅笔头，普通同学则什么都没有……

班干部为何走向"腐败"？为什么小学生都想当班干部？网上评论认为，这可能是因为"官本位"思想从社会蔓延到了中小学。思想单纯得像一张白纸的小学生也沾上"官本位"的鱼腥味，既让义务教育蒙羞，也让我们反思。

曾有一项调查显示，四成小学生长大想当"官"。某记者曾随机采访过32名小学生，有八成孩子明确表示，希望自己能当上班干部，哪怕是一名小组长或者课代表。原因在于当上班干部才能让老师重视、同学尊重，更有机会获评区级、市级三好学生。

孩子是父母的希望、家庭的未来、国家的未来，无论是家庭、学校还是社会，无论是家长还是教师，加强孩子的思想教育、品德教育、行为习惯教育刻不容缓！

不要让孩子毁在我们手里，不要等孩子走上歪路才后悔莫及。教孩子树立正确的是非观的同时，我们也应该培养孩子的责任感和谦逊的品质。

## 三、应对策略

班干部是联系班主任与学生之间的桥梁与纽带，加强对班干部的管理，我们应该注意哪些方面呢？

### 1.科学选举，优化组合班委会

有些班主任往往凭自己的印象指定班干部，这样，必定会使班干部失去群众基础，给日后的工作带来不必要的困难。但是，单纯的民主，让学生完全自觉，一些学生往往会倾向选举自己的好朋友，以便在以后的班级管理中得到照顾，同样有其不足之处。比较好的办法应该是先民主后集中，即先让学生进行投票选举，再由教师权衡。为了使学生的选举结果更具代表性，可让大家在规定的时间内推荐20位同学上来，然后再按所得票数的多少进行排列，前12位同学当选，这样可以最大限度地让学生发表意见，而且选出的班干部也比较理想。最后再根据所选班干部的气质、性格类型以及能力的差异进行分工，优化班委组合。比如我们班的班长张某，在我刚接班主任工作时，他便乘机跟我谈论有关选拔班干部的事，话语中暗示他能当班长。从以往的班主任那里，我早就了解到该生的责任心和组织能力都很强，学习成绩也名列前茅，而且爱好广泛，我便决定让他出任班长。而甘某，初一年级时的班长，她思维灵活，反应迅速，但看问题比较肤浅、轻率，这个学生平时往往未经慎重考虑便迅速发表自己的意见，甚至做出一些超乎常规的夸张行为，我决定让她当宣传委员。实践证明，在民主选举的基础上，经过班主任的优化组合而产生的班委会，得到了同学们的信任和拥护，更易于开展班级工作。

### 2.加强对班干部的教育培养

班主任对班干部不能只是任用，还应该进行教育和培养。教育他们提高自身的素质、思想水平；严格要求自己，注意自己的道德行为规范；要密切联系同学，平等待人。我经常教育他们树立为集体服务的光荣感和责任感，要求他们努力学习、团结同学、以身作则，鼓励他们既要大胆工作，又要严格要求，注意工作方法。当然，选出的班干部毕竟不是完人，因此对他们不能过分苛求、指责，特别是在工作出现失误的时候。例如负责卫生督促检查工作的李同学，起初对自己的工作好像不太满意，每天只把那些未参加清洁工作同学的名字以及清洁状况告诉我，为此，我反复向他讲述清洁卫生工作与同学们身体健康和班级精神风貌的内在联系，同时讲解该项工作的要点，让他重新怀着满腔热情投入自己的工作中去，后来的情况表明，他的工作完成得相当出色！

此外，我还坚持定期召开班干部会议，组织他们学会制订计划及具体措施，检查落实情况，总结得失，并加以改进，教会他们如何分辨是非，及时阻止同学中的不良行为。而对于班干部在班级中的不良行为坚决抵制，决不姑息，鼓励他们以身作则带动其他同学，促进整个班级的管理工作。

### 3.建立一套严格的管理制度，使班级管理规律化、科学化

"巧妇难为无米之炊。"再能干的班干部，如果没有一套严格的管理条例作为开展工作的依据，他们在工作中就会觉得不知从何下手，不知如何操作。在这种情况下，班干部的聪明才智得不到发挥，提高班级管理质量的目标自然难以实现。鉴于这种情况，在每学期开学之初，我总要组织学生学习《中学生日常行为规范》，学习学校政教部门颁发的量化管理条例，在此基础上，再结合本班实际，制定一套切实可行的班级管理条例。

要使管理条例得到推广和落实，还必须采取一些行之有效的措施。例如，除了根据每个班干部的职务落实好工作责任之外，我们还通过全班同学民主投票的方式在班干部中选出五名代表充当值日生。值日生负责班级每天的管理登记，做好检查督促工作。每周结束之后，班长把过去一周每位同学的得分和扣分情况进行统计，以小组为单位，开展组与组的竞赛。在每周的班会课上，由负责各项工作的班干部对上周本班各个方面的情况进行小结，最后班主任再进行画龙点睛式的总结。另外，每个同学平时在学习、纪律、出勤等方面的表现情况全部储存在电脑中，由一位班干部专门管理，在学期结束之前全部公布出来，并把这些资料作为评选"三好学生""优秀学生干部"以及评定每位学生德育等级的重要参考。

有了严格的管理条例和管理措施，班干部在开展工作时才能做到有章可循、有的放矢，避免盲目性和随意性；普通同学才更懂得如何自我规范、自我教育，逐步培养良好的行为习惯。这样，班级管理才能走向规律化、科学化，才能切实提高班级管理质量。

### 4.放手任用班干部

具备一批优秀的班干部和严格的管理制度之后，班主任要大胆放手，把管理工作交给班干部；要鼓励他们敢想敢干、敢抓敢管；要容许他们在工作

中犯错。对于班干部的工作，班主任要做到该静观时静观，该出手时出手；不要事事放心不下、事必躬亲。这样，班干部在实际工作中才会尽快成长起来，才能充分发挥他们在班级管理中的主力作用。

# 主题 10　遇事互推诿

班级管理中那些犯了错误的学生常常不找自身的原因，先为自己"开脱"，也就是推卸责任。基于这个现象，教师可以在一周中专门设置一天为"无借口日"，也就是在这一天，无论学生犯了什么错误，都不能找借口推诿，借助这个活动来培养学生的责任意识。

## 一、教育案例

记得有一次开学初，学校布置各班同学出一期以"感恩教师"为主题的黑板报，我因外出学习未能亲临督促，班干部的责任心也不强，没有认真准备，最终在全校评比中得了零分，这件事成为全校轰动一时的焦点事件。学习回来以后，我将班长和文艺委员找到办公室，班长指责文艺委员没有责任心，文艺委员指责班长没有交代任务，两人相互推诿，拒不承担自己的责任。看到这种情况，我非常气愤，严肃指出，遇事互相推诿就是不负责任的表现，不敢承担责任更不是当代中国学生的素质。当时真想把这两人的班委会职务全部罢免，但冷静后又害怕现在的孩子心理承受能力差，经不住打击，遂决定让两人"戴罪立功，以观后效"。

时间过得很快，转眼元旦来临，学校组织元旦文艺会演，只有一周的准备时间，我将文艺会演的任务交给了班长。但三天过去了，班里却静悄悄的，所有学生按兵不动，也没有看到两位班委有任何的行动……

当文艺会演开始的时候，我们班以精彩的演出震撼了全校师生，博得了阵阵喝彩声。原来他们在背后做了那么多的工作，把工作安排得井井有条。在他们的带领下，全班同学圆满地完成了任务。为此，学校领导还在广播会上表扬了我班班干部的出色表现。这件事使我深深体会到那些有能力有威信的班干部，他们的一言一行在同学中的影响力往往是不容低估的。只要班主任大胆放手让他们去开展工作，不但可以提高他们自己的思想觉悟和工作能力，而且可能收到意想不到的效果。

## 二、案例分析

一个有强烈责任感的人，也是一个敢于担当的人。一个孩子从小既需要有对于家人、朋友、周围所有人和事物小我的责任，也需要有对于社会、国家这些大我的使命。推卸责任的另一面是担当，当学生学会了承担责任，他就会多一分行动的力量，就会多一分对自己的信任，心中也会装下更多的爱！

那么，在班级管理中，学生遇事会相互推诿，不承担责任，那如何帮孩子改掉推卸责任的坏习惯，我建议可以这样做。

第一，观察学生的行为习惯，找出学生推卸责任的某一类事情。

第二，抓住学生犯错的机会，让他去面对现实，不管错误大或小，一定要陪着学生一起去面对。面对虽然是痛苦的，可是不面对，对于学生以后来讲会更痛苦。在面对的过程中孩子的智商也会提升，让孩子适当地面对挫折，有利于帮助学生切身体会什么是责任。

第三，就是要学会借助外力。当学生犯错误的时候，如果我们没有完整的策略，没有强大的内心，不能面对局面，那就一定要借助外力了。借助外力可以让我们把事情洞察得更清楚更明白，同时也可以听到孩子的真心话。

第四，就是要及时地肯定学生，而不是一味地指责学生的过错。一定不能把学生的缺点放大，而是应该多找优点，并告知学生。

第五，就是一定要有坚定的立场。在帮助学生的过程中，立场一定不能动摇，千万不要因为学生哭闹得厉害而放弃了原有的立场。学生是非常聪明的，他们有很强的觉察力，会察言观色，只要你动摇一次，就会给未来带来很多麻烦。

作为教师，我们应该学会温和而坚定地教育学生，目标明确，立场坚定，认可学生的优点，不要把学生的缺点放大，同时也要鼓励学生，相信学生，相信他们都是好孩子。

## 三、应对策略

在核心素养课题组提出的六大学生核心素养要素中，"责任担当"作为其中的重要一点，是决定"大写的人"顶天立地的关键。中小学生身心发育还不成熟，究竟应该如何培养他们的责任担当，要培养他们哪些方面的责任担当呢？

### 1.培养学生对自己学习负责的责任担当

学习是中小学生最主要的任务。为此，首先就是要让他懂得学习是自己的事，学习好坏都得自己负责。只有当他们树立了对学习的担当意识，才能养成良好的学习习惯，奠定乐学、好学、会学的学习基础。

当我们一次次捂住学生的成绩，划去学生的姓名，只留下学号和对应的成绩发给家长，甚至不在公开场合发成绩，只私密地一对一告诉家长成绩的时候，我们其实已经剥夺了学生一次次承受挫败和享受荣耀的时机，已经抹杀了学生承担责任的机会。

在我的教学经历中，每一次考试过后，我都会花一整节课，公布语文学科的分数，一对一真诚地指出每一个学生的优缺点。在我看来进行语文成绩的公布和总结，让学生了解自己的成绩，就是一件增强学生责任担当意识的大事。

其中有几件事让我印象深刻。有一个女生，因为语文模拟考试偶然间考了班级第一名，我当众表扬了她。事后女生的家长和我打电话说道："孩子回家感慨，原来当第一名是这样的感觉，太爽了，我要努力多享受几次这样的感觉。"在后来的学习中，这位女生更是精益求精，严格要求自己，成绩一直很优秀。

而另一个男生，则因为自己考了班级倒数第一，而感觉丢人。他的家长第一时间联系了我，和我沟通孩子的学习情况，并寻求提升之道。我也在私底下和这个男生多次交流，给他提供帮助。后来这个男生从倒数第一升到了倒数第六，虽然仍然是倒数，却给了他极大的鼓舞。所以我们与其藏着掖着害怕公布成绩会伤害他们，还不如坦荡而真诚地直接摊开，并提供帮助。久而久之，让学生明白，学习是自己的事，不是帮老师学习，不是帮家长学习，而是关系到自己前途和尊严的事，无论成功失败，都需要自己负责。

### 2.培养学生敢于承担问题、尊重爱护自己和他人的责任担当

不过度保护孩子，而是真诚地指出孩子的问题和错误，引导学生勇于正

视自己的错误，用实际行动赢得尊严，学生才会越来越意识到尊严的真正价值，正所谓"知耻而后勇"，从而养成正确的自我担当意识。

在教学中我们经常遇见这样的例子。老师好心唤醒睡梦中的学生认真听讲，孩子往往揉着惺忪的眼睛，擦擦口水说："我没有睡觉啊！"老师询问晨读迟到的孩子，为何迟到，孩子往往一脸忧伤地说"这不怪我，是我妈妈忘记喊我了。"老师要惩罚没有交作业的学生，学生往往一脸委屈地说："我不是没写，我是忘记带来了，要不让我奶奶送过来。"在这些事件中，学生的态度是推卸责任，是完全没有责任担当意识的表现。

在学习郑振铎先生的《猫》这篇课文时，我就极力引导学生体会郑振铎先生的责任担当意识。先生因为自己冤枉了第三只猫，而倍感自责，家里自此永不养猫，并郑重地写成文字，面向社会大众，用文字进一步拷问自己的良心，这种精神值得我们学习。我顺势联系学生平日的种种表现，告诫学生，一个勇于正视自己错误并承担责任的人，才是有责任担当意识的人，才是一个自尊自爱的人，才能赢得别人的尊重。针对《猫》这篇文章，我还让学生完成习作《藏在我心中的那些"猫"》，引导学生诚实地回顾自己生活学习中逃避责任、没有担当的故事，并进行自我批评，学会承担自己的错误，即使是很小的错误。

一个敢于正视错误、珍视尊严的人，才会尊重自己、爱护自己。一个懂得尊重自己、爱护自己的人，才会懂得尊重他人、尊重生命。

### 3.培养学生对集体负责的责任担当

一个人要对集体负责，首先要有强烈的自我认同感，认识到自身的价值，感受到自己是集体一员的重要性，从而热爱自己的集体，对集体承担负责。作为教师，应该引导学生学会赏识他人，修正自己，产生集体的归属感。一方面引导他们学习彼此的优点，在前进中共勉；另一方面引导他们包容彼此的不足，在互勉中共进。

记得我以前教过的一个孩子，成绩很差，可是他非常爱自己的班级。他的体育成绩非常好，每一次校运会，都是给班级得分争光的主力军。因为他在班集体中找到了自己发挥价值的舞台，所以不觉得自己是班级的不幸者，因为被认同，所以他很少故意捣乱，拖班级后腿，并且尽力提高学习成绩。

类似有特点的学生还有很多，每个人都有自己独特的优点。于是在作文课上，我鼓励全班同学从自己身边同学的身上寻找闪光点，记录在文章中，并花整节课的时间让学生朗读展示。在这个过程中，每一个孩子都体会到了自身对集体的价值和意义，获得了巨大的成就感，同时，也会进一步努力成为对集体更有用的人；每一个孩子都感受到了他人的闪光点，取长补短，相互尊重，而不会再单纯以成绩高低用不同态度对待同窗。不知不觉，学生日渐增强集体的凝聚力，并学会克制自己不良的言行举止，学会对集体负责。

### 4.培养学生的家国情怀和社会责任担当

现在的孩子，越来越难以体会何为感恩、何为爱的无私。父母的爱从来就是天经地义，自己的享受只是理所当然。我们是否可以引导孩子换位思考父母的处境，走进父母的心灵世界，感受父母的付出和爱呢？

在学习《秋天的怀念》这篇文章的时候，我让学生在体会原文的基础上创作了多篇细节拓展描写的片段：针对原文中"双腿瘫痪后，我的脾气变得暴躁无常"一段，我让学生描绘出母亲此时的神态和动作描写，感受这位母亲面对瘫痪后的儿子肝肠寸断又隐忍坚强的内心；针对原文中"后来妹妹告诉我，她常常肝疼得整宿翻来覆去地睡不着觉"一段，我让学生描绘出母亲夜晚翻来覆去痛苦煎熬的细节画面，刻画出母亲此时病魔缠身却不顾自身安危、一心牵挂孩子的内心活动；针对原文中"邻居们把她抬上车时，她还在大口大口地吐着鲜血。我没有想到她已经病成那样。看着三轮车远去，也绝没有想到那竟是永诀"一段，我让学生展开合理想象，描绘出此时我的动作神态以及心理，引导学生去感受作者此时深深的懊悔，对逝去母亲的无尽的爱与赞美以及对"子欲养而亲不待"的悔恨之情。

细节描写片段中，学生逐渐走近作者的内心世界，和作者一起经历情感的爱与痛，经历生命的成长与感悟，从而逐步建立起对家庭的爱和责任意识。而一个热爱家庭、感恩父母、积极参与家庭建设的孩子，才能更好地去爱大家共同的家——国家。

记得在讲述记叙文阅读解题方法时，我曾经展示了《丰碑》一文的网络朗诵视频。当时，我让全班同学都静静地趴在课桌上，聆听《丰碑》一文，走进那位在风雪冰冻的天气里，毅然将少得可怜的军需物资分给战友，而自己活活冻死的军需处长崇高的精神世界。音频朗诵完毕，我看到很多同学的眼中都闪烁着泪花。我顺势现场命题，请同学们谈谈对《丰碑》这一标题的理解，赏析文中一句描绘军需处长冻僵身体的句子，并谈谈对文章最后一句话的理解和感悟："如果胜利不属于这样的队伍，还会属于谁呢？"同学们那一次的回答，比任何一次都要精彩，都要感人。因为，在不知不觉间，涌动在学生体内的家国情怀被唤醒了。

# 主题 11　班委一盘沙

"一盘散沙"指一盘不能凝聚成块的细沙。"一盘散沙"这个成语用来比喻人心涣散，缺乏凝合的力量，不能团结起来。

## 一、教育案例

2012级"3+2"软件专业（高职本科衔接）班的同学以全校最优秀的成绩被录取。常州大学对他们有一定的要求，需要通过英语四级、计算机二级等考试才能够在第四年顺利进入本科阶段。入校以来班级学风积极向上，学习成绩优异，得到了广大老师和同学的肯定。

但经系部团委书记反映，班级参加团日活动的材料和报道经常不能按时上交，材料内容和图片敷衍了事，"我的班级我的团"投稿不积极。在基础文明方面，学生对参加早锻炼、星级宿舍评比等活动不能理解，觉得这些是对他们时间的浪费，早上他们更想把时间花在背英语单词和程序代码上。同学之间关系冷漠，去上课之前，同宿舍有人在睡觉，其他同学都不喊一下；打扫宿舍卫生的时候，因为分配不公平产生矛盾；班干部也对班集体的事情置之度外，觉得"事不关己"，班级严重缺乏凝聚力，班委如同一盘散沙。

## 二、案例分析

在得知班级出现这些问题的时候，作为班主任，我并没有一味地去责备学生，而是从自身原因出发进行反思，并从侧面了解班级出现的问题，仔细分析问题出现的原因。

### 1.班主任工作疏忽

作为一名辅导员，至少担任四个班级的班主任，所以在班级管理上面难免会力不从心，对学生缺乏关心和爱护，所以导致学生在组织班级活动时觉得不受重视。开展主题班会的时候，因为多个班级同时开展，不能都参加，而学生习惯了中学时班主任的关注和呵护，总认为没有班主任参加的活动就没有意义。在基础文明方面，只是通过开展班会的时间组织大家学习相关制度文件并对大家进行教育，没有根据每个人的性格特点进行有针对性的沟通。

### 2.家庭给学生的影响

很多学生选择"3+2"软件专业和机电学院，是受家长的影响。家长认为在大学期间要把时间多花在学习上，从而能够顺利进入本科院校学习，所以学生在班级活动、基础文明方面不够重视。

### 3.学校管理模式不够理解

学校秉承专科管理理念，在学生养成教育方面非常重视。本班学生当初报考本校的目的和最终的目标都是奔着本科教育来的，所以对学校管理模式并不能理解。

### 4.学生自身原因

（1）学生刚从高中步入大学阶段，习惯了高中的管理模式和学习方法，觉得学习是生活的重心。尤其是在机电学院学习三年之后，表现优秀且通过相应考试者才能够进入常州大学深入学习本科课程，所以大部分同学学习压力较大。

（2）学生参加班级的活动热情不高，积极性不强，导致班委组织团日活动也没有激情。在班级团日活动上，常常参加者只有不到一半的同学，班级凝聚力大打折扣。

（3）班委在做材料时觉得即使完成不好对自己也不会有什么影响，工作责任心不强，班级和系部也对学生干部缺乏相应的管理制度和工作要求。

（4）同学之间由于来自不同地区，每个人的生活方式和价值观各不相同，因此相处的时候出现隔阂，又由于缺乏交流，沟通方式不恰当，所以宿舍成员之间关系并不融洽。

### 三、应对策略

如何对学生加强教育，努力增强班级凝聚力，改变"一盘散沙"的局面呢？

#### 1.增强班主任的向心力、感召力和亲和力

要使班级有较强的凝聚力，班主任首先要关心尊重学生，从内心关心、爱护这一"家庭"中的每位成员，使他们真正感觉到老师的爱护，体会到集体大家庭的温暖，从而使整个班级成为一个团结向上、充满温暖、充满爱意和凝聚力的班集体。在班级组织活动的时候，每次都要尽量参加，对活动进行有效指导，这样学生的参与度也会大大提高。

班主任的人格魅力也是增强班级凝聚力的一个重要方面。崇高的人格魅力能使学生敬佩，提升服从意识，增强整个班级的凝聚力。班主任良好的思想作风、人格品质和工作热情都会对学生产生潜移默化的作用。只有为人师表，率先垂范，班主任的向心力和亲和力才会得到真正的体现，学生才能真正地"以班为家"，整个班级才会做到心往一处想、劲儿往一处使，才会形成整个班级的凝聚力。

还可以每个月召开班会，加强教育。每周汇总各方面的数据进行分析，并在班级公布。根据每个同学出现的问题进行单独谈话，聆听学生的心声，并将道理心平气和地说给学生听。

#### 2.建立强有力的班干部团队

班干部的任命都是经过自己主动申请，同学们民主投票决定的。要积极组织班干部开会，深入探讨班级存在的问题，聆听大家的想法，尽量发挥每个班委的才能，让他们去组织和管理学生的学习与生活。同时，注重培养所有学生的参与意识和主动性，让每一个学生都得到锻炼。

#### 3.规范必要的制度

"国有国法，家有家规"，一个班也应该有一个班的规矩，只有规矩好了，风气正了，学生才会有一个良好的学习成长环境。因此，在班主任工作中，要将班风建设当作班主任工作的重点。对于违反纪律的行为，及时制止。制订《班干部守则》，对班干部们形成一种内在的约束力，时时警醒他们要按照自己所定的守则认真履行职责。此外，让学生们自己制订班规，所有学生自觉遵守，铭记在心。

### 4.对学生进行适度有效的激励

在学校，教师是教育者，学生是被教育者。教育能否起到理想效果，能否充分调动学生的积极性，很大程度上取决于教师的教育方法。

在班级中多运用激励法。学生很看重自尊和荣誉，希望得到老师的表扬，增强自己在同伴中的影响，在集体中得到重视。因此可以针对不同学生的心理特点在班级管理工作中采用不同的激励方法，调动学生的积极性。

以优秀学生为榜样，教育、感染、矫正其他学生，使其形成积极向上的思想情感，并将这种内在的情感外化为行动，在班会课上表扬成绩优秀的学生、工作认真踏实的班干部，表扬他们在学习和工作上取得的成绩。挖掘每个学生自身的闪光点，借助学生自身的优点激励其克服不足之处，对学生的好做法、好习惯及时加以肯定和表扬。

苏霍姆林斯基说过："集体是教育的工具。"确实，一个优良的班集体，积极进取，全面发展，必将对每一个学生的个体发展起着潜移默化的作用，大家处在良好的氛围中，对于学习和身心有着很大的激励作用。而要建设一个优秀班集体，关键要靠班级的强大凝聚力作后盾。有着共同的奋斗目标，有正确的舆论和班风，有良好的学习习惯，有和谐的人际关系，有集体的荣誉感，这个班级一定会成为一个充满生机与活力的优秀班集体。

# 主题 12　赏罚不分明

赏罚分明，意思就是该赏的赏、该罚的罚，形容处理事情清楚明白。兵者，赏罚不分明，无以调动士兵的积极性。从古至今，无论是治国还是治军，都把赏罚分明看作是激励士气、惩戒不法、取得成功的重要手段。班级管理也是如此，没有赏罚不足以明制度、立规矩，没有赏罚不足以鼓士气、扬正气。班级管理必须要有赏罚，赏罚必须分明，要讲方法。

## 一、教育案例

### （一）

僖负羁是曹国人，曾救过晋文公的命，是晋文公的救命恩人。因此晋文公在攻下曹国时，为了报答僖负羁的恩情，就向军队下令，不准侵扰僖负羁的家，如果有违反的人，就要处以死刑。大将魏犨和颠颉却不服从命令，带领军队包围了僖负羁的家，并放火焚屋。魏犨爬上屋顶，想把僖负羁拖出杀死。不料，房梁承受不了重量而塌陷，正好把魏犨压在下面，动弹不得，幸好颠颉及时赶到，才把他救了出来。这件事被晋文公知道后，十分气愤，决定依照命令处罚。大臣赵衰（赵国君王的先人）向晋文公请求："他们两人都替国君立下汗马功劳，杀了不免可惜，还是让他们戴罪立功吧！"晋文公说："功是一回事，过又是一回事，赏罚必须分明，才能使军士服从命令。"于是便下令，革去了魏犨的官职，又将颠颉处死。从此以后，晋军上下，都知道晋文公赏罚分明，再也不敢违令了。

### （二）

赏与罚是领导别人的两大利器，赏罚分明，言出必行，是能够最大限度地激发别人积极性的最佳办法之一。

宋燕做齐国的宰相，遭到罢免后，对手下的官员说："有谁愿意跟我去投奔其他诸侯？"

大家都整整齐齐地站在那里，安静地看着他，谁也不回答。宋燕说："可悲啊！为什么士大夫易得而难用呢？"

陈饶答道："并不是士大夫易得难用，是做主公的不用啊！主公不用，士大夫就会怨愤。你不会任用人才，反而要责备他们，这就是你的不对了。"

宋燕说："你这话是什么意思？"

陈饶回答说："您给士人的薪俸是三斗黍稷，他们都不能够养家糊口，但是您家的野鸭、大雁都有吃不完的粮食。这是您的第一个过失。您家的果园种满了梨子、栗子，后宫的妇女用这些果子互相投掷，但是士人却没有尝到过一颗。这是您的第二大过失。您家的绫罗绸缎，华丽的装饰在厅堂之上，随风而破败，但是士人却不能够用它们做自己衣服的绲边。这是您的第三个过失。财物是您轻视的，而对于怎样死，为谁死，士是很看重的。您连自己看轻的东西都不愿意赏给他们，却希望他们为自己卖命，这就好比您做的是铅刀，但却希望它有干将的用途，这不也是很难办到的吗？"

宋燕说："是我错了!"

## 二、案例分析

班级管理中，应积极发现每个学生身上的闪光点和良好的个性品质，在班里大力表彰，树立班级典范。对于犯错的学生，要循循善诱，引导学生自领处罚，改正错误。作为班主任，处理学生之间的纠纷是最重要的工作之一。对学生之间的小纠纷处理得恰当与否，直接关系着学生是否进步，关系着教育的成败，关系着教师在学生心中的形象与影响力。赏与罚的作用各有其侧重，赏是用人的激励机制，而罚则是纠正机制。

### 1.有罚有据

所谓"赏罚有据"，是指"赏罚"必须有事实和规章的依据。"赏"，一定要给予有功之人；"罚"，一定要给予主观上有过之人，不能随心所欲。无论是赏还是罚，班主任一定要在全体学生面前充分讲清赏罚的理由。若赏罚无据，赏罚不当，不但班主任的威信会下降，而且会使受赏的学生遭到其他学生的排斥，受罚的学生赢得其他学生的同情。这样校纪班规就不能正常推行了。要使赏罚公正，班主任一定要事先多了解情况，弄清事情原委，多倾听学生的意见，只有做到客观公正，才不会出问题。

### 2.一视同仁

在赏罚中班主任必须一视同仁，绝对不能将个人的感情因素掺杂在赏罚之中。对于班级中优秀的学生犯错误，班主任要给学生讲明，尽管他是优秀班干部，犯了错误同样也要接受处罚。但同时要说明，只要是人，都会犯错误，希望大家能够看人以长，今后还要支持这位班干部的工作，绝对不能拿他这次受罚作为不服从他管理的理由。对于不喜欢的学生，班主任也要做到该赏则赏，这样更能增加全体学生对班主任的信任感，也会化解该生对班主任以前的抵触情绪。

### 3.赏罚有度

不管是赏还是罚，都要把握好一定的尺度，所谓过犹不及。当然这并不是说班主任要搞"中庸主义"，模棱两可，而是需要班主任慎重考虑赏与罚的尺度问题。尤其是对于同一类型事件的首次赏罚，班主任一定要慎重对待，因为这将成为日后每次遇到这一类事件时学生心中的处理参照。

### 4.赏罚有方

班级管理不能仅凭一腔热血，更多的是需要班主任有着丰富的智慧与管理技巧，在班级管理的过程中讲究方法、讲究技巧。赏罚一定要讲究方法与策略，方法掌握不好往往会影响赏罚的效果，甚至会适得其反。

### 三、应对策略

哈佛大学的霍华德·加德纳教授（Howard Gardner）早在1983年出版了《智力的结构：多元智能理论》一书，其核心在于尊重人的个性差异。在教育教学过程中，多元智能教学给予学生充分选择适合自己智能学习风格路径的权利。教育不是"流水线"，教育的目的不是打造"标准件"，班级不是"工厂"，班主任不是"车间主任"。教育的对象不是物而是人，不仅是活生生的、有生命活力的人，而且是有思想、有自我意识、有自主活动能力的人。教师如果忽略了学生的个体差异，用一把尺子衡量到底，那得扼杀多少学生的潜能和创造力。如果我们能多一把尺子衡量学生，就会多一分惊喜与收获。

苏霍姆林斯基曾说，"热爱孩子是教师生活中最重要的东西"，"没有爱就没有教育"，爱会赋予教育更加鲜活的生命力，能使"一切皆有可能"。爱是责任、是宽容、是欣赏、是春风化雨、是铁树开花。世界知名教育专家兰本达曾说，"耐心是一种品德，是取得教学成功理所当然的必备条件"。耐心是一种优雅的涵养，是一份宠辱不惊的淡定。耐心是善解人意的抚摸，是满怀希冀的期盼，更是对教育的坚守：精诚所至，金石为开。教育是一个潜移默化的过程，学生的成长不是一蹴而就的。教育是慢的艺术，生命有多长，教育就有多长。沉下心来教书、静下心来育人，心沉静了，爱就升腾了，奇迹就会出现。

魏书生多次强调："民主像一座搭在师生心灵之间的桥。民主的程度越高，这座连通心灵的桥就越坚固，越宽阔。""民主与科学紧密相连。人们善于从科学的角度去理智地思考问题，而不是只从私欲的角度单凭感情去思考，这样才谈得上民主。"班级教育管理中的"民主"与"科学"如果从比较通俗化的层面去思考，其实就是班主任在日常的班级教育管理中应当对表现突出的学生给予适当的奖赏，而对于一些不良行为与思想的学生要给予公正严明的处罚。当然，这两者本身并不是冲突的或不可调和的，而是有机统一的，是有效的班级教育管理的两个不同侧面。

在日常的班级管理中只讲"赏"不讲"罚"，最后必然会坠入放任自流的伪民主与伪科学之中。真正的科学与民主化的班级管理需要将"赏"与"罚"这两大班级教育管理的最基本手段巧妙地结合运用；只有"赏"与

"罚"同步前行、并肩作战，做到赏罚并举，那么，才有可能实现班级教育管理的有效性和魏书生所强调的民主与科学的教育管理。正如《孙子兵法·计篇》和诸葛亮的《出师表》中所论述的："主孰有道？将孰有能？天地孰得？法令孰行？兵众孰强？士卒孰练？赏罚孰明？吾以此知胜负矣。""若有作奸犯科及为忠善者，宜付有司论其刑赏，以昭陛下平明之理；不宜偏私，使内外异法也。"这两件利器也只有配合使用才能真正地发挥其威力。

那么，在班级管理过程中，怎样才能实现赏与罚的适度结合和有效执行呢？一个班级的管理，没有赏罚就很难明制度、立规矩，没有赏罚也就不足以激励士气、激扬正气。班级管理必得有赏罚，赏罚必得有依据、讲方法。笔者认为要考虑到具体的操作方式与方法。赏罚并举可以从以下几方面入手。

### 1.可以只赏不罚

赏与罚是相对的两个概念。有时候，不赏就意味着罚；不罚也就意味着赏了。赏是可以单独存在的，尤其是在不便于或者没有必要实施处罚的时候。对于好的行为的奖赏本身已经是一种明确的导向性行为，基本上可以起到大半的效果。比如说，对学生做作业的情况，可以每次都表扬一下作业做得好的学生，实际上，对于那些没被表扬的学生来说，也就是一种批评了。

### 2.有罚必要有赏，重罚必有重赏

罚是不可以单独存在的。只罚不赏很容易激起人的逆反心理，使人抗拒。即使最终也能达到效果，但是气氛却是压抑的，人的心情也不会舒畅。尤其是在教师大发雷霆之际，一定要保持清醒的头脑，尤其是对全班发火之时。就算是错误真的很大，千万要记住，犯错误的毕竟只是一部分同学，还有很多人，他们至少没有同流合污，这就已经很不容易了。对全班发火连这些学生也打击是不公平的。因此，在重罚犯错同学之前对这些未犯错学生要重赏。重赏的目的有二：其一，分化学生，使得处于中间的学生非常容易找准自己的方向；其二，赏罚同时进行，互相映衬，增加赏与罚的效果，使学生印象更为深刻。

### 3.必要时改罚为赏

有时，犯错误学生众多，已到了法不责众之境地，无法处罚下去，不如改为奖励那些没有犯错误的少部分同学，这样也能保持公正。另一种情况，由于赏与罚是相对的，而赏是一种积极的方式，罚是一种消极的方式，因此，用赏取代罚可能会有更好的效果。试举一例。学校里举行行为规范评比，你任教的班级表现很不好，于是你在班级里内部进行检查评比，每人满分10分，内部检查查到一项扣1分。这样做效果一定是明显的，但是这样做，师生关系可能会受影响。高明的教师会改扣分为加分。每人基础分10分，每次检查，合格者加以一定的分数，然后比较谁的分数高。这样做，无疑更可以调动学生的积极性，师生间的关系也会更为和谐。

### 4.赏罚要公正

赏罚不明不但是兵家大忌，也是班主任工作的大忌。有一些班主任，规章制度定得很好，但是事到临头，有学生违反了，却常常心软。尤其是犯错误的学生是教师喜欢的好学生时，更容易犯此错误。算了，下不为例。好，全班同学都看在眼里，下次张三又犯了这个错误，你怎么办？不处罚吧？张三太坏了，绝对不能放过他。处罚吧？张三振振有词，他举出上次的例子，觉得教师不公平。这是很常见的例子。从此班级管理陷入混乱。有一些没有经验的教师，在学生中没有威信。最根本的原因就是没有做到"信"。赏罚不信，做事不公正，学生怎么会尊重你呢？想想诸葛亮挥泪斩马谡的例子吧，该赏的必须赏，该罚的还是要罚。

### 5.要"诛大赏小"

"诛大赏小"是处理赏罚的一个小技巧。所谓"诛大"，也就是擒贼先擒王。孙武训练女兵，在三令五申之后，吴王的两个宠妃仍不以为然，孙武便下令处斩，女兵骇然，无不听孙武号令而动，此时，孙武对吴王说，即使现在让这些女兵赴战场打仗，她们也不会有所犹豫。我们在处罚学生时，也一定要把事实了解清楚，板子一定要打在为首者的屁股上，否则，处罚便不能服众。而所谓"赏小"，是指要奖励普通士卒。抗金名将岳飞，非常善于治军。军队即使冻死也不拆百姓房屋，饿死也不抢劫百姓，因为如果有士兵拿了老百姓几根麻绳的，立刻依军法处死。但是对于朝廷的奖赏，岳飞都分给士兵，自己丝毫不取。每立战功，都归于将士，自己毫不居功。所以他的军队令出如山，骁勇善战，敌人哀叹道：撼山易，撼岳家军难！这个例子也提醒教师在平时一定要更多地关注普通学生，尤其是那些默默无闻的学生，在奖励时，要更多地考虑他们，而不是那些张扬的学生，这样的奖励，才更有激励作用。

### 6.要关注学生的内在动机

赏罚是激发、调动学生内在动机的一种有效手段，但是毕竟只是一种外在手段。要使学生的行为长久，教师的要求必须要内化为学生的内部动机。否则，一旦外部的赏罚没有了，一切可能照旧。一支训练有素的军队，成为不败之师，士兵有了集体荣誉感，以成为军队一员而自豪，即使最后没有赏罚，士兵作战仍勇猛，因为他需要捍卫常胜之师的荣誉。同样的，教师要善于通过各种不同的方法使学生意识到做一件事不仅仅是因为有赏罚，而是自己必须这么做。这样的教育效果便长久了。

　　武侯问曰："兵以何为胜？"吴起对曰："以治为胜。"又问曰："不在众乎？"对曰："若法令不明，赏罚不信，金之不止，鼓之不进，虽有百万，何益于用？"我们可以跟学生讲道理，但是，有时候，千言万语抵不上一个行动。老师们，该出手时就出手吧，赏罚分明、赏罚有信，这是治理班级的最重要因素之一。

## 我和学生为什么对立

当前师生关系存在的问题：师生关系紧张化、利益化、淡漠化、无责任化、不平等化。良好的师生关系包括民主平等，尊师爱生，教学相长。良好的师生关系是教育教学活动顺利进行的重要条件，是衡量教师和学生学校生活质量的重要指标，是校园文化的重要内容，有利于学生的个性发展及建立良好的人际关系。

# 主题 13　我的课堂像菜市场

学生不带学习用具、随便接话茬、与相邻同学交头接耳、心不在焉，使得教学任务无法顺利完成。教师该怎么办？课堂纪律问题也许是教师碰到的最为棘手的问题，不管规章制度定得多么合理，教师备课备得多么细致，总还会有学生违反纪律。

## 一、教育案例

西丁的孩子，天真可爱；西丁的孩子，懂事认真；西丁的孩子，调皮捣蛋。带着认真的态度走进西丁，带着严谨的方法走入西丁，带着满腔的热血走近西丁。面对这些可爱的脸庞，我不禁露出明媚的笑脸，却不曾想，被他们魔鬼般的调皮扼杀了。

课堂，是师生美好生活的一部分，是一段能够焕发生命色彩的人生经历。我喜欢这里的学生，因为很天真；我喜欢这里的讲台，因为这是我的舞台；我喜欢这里的生活，因为这是我生命的一部分。刚来时，崔老师带着我走进三年（2）班，认识了这帮可爱又可恨的孩子们，从那时起，我的心与他们结下了不解之缘，每每想到他们，心中都不由得牵挂。舍不得对他们发脾气，舍不得不认真教导，舍不得任由他们捣乱。在我看来，没有哪个学生天生爱捣乱，正如没有哪片树叶会拒绝阳光一样。每个学生都渴望亲近老师，感受知识的乐趣。面对他们渴望求知的眼神，我没办法拒绝；面对他们天真可爱的脸庞，我没办法惩罚；面对他们调皮捣蛋的心眼，我不知该罚还是爱。

三年（2）班，我该如何拯救你。乱哄哄的课堂，是因为你们的乱而精彩还是失败。学生就像一张白纸，铺在我的面前，手中的彩色蜡笔却在刚下笔时不经意间凌乱了整张纸。望着一望无际的玉米地，满天星辰的深邃天空，心里想着三年（2）班的学生，我陷入了深思……

几日下来，几经深思，和有经验的教师交流过后，慢慢摸索出一点点方法。我不愿扼杀学生的天性，但他们的表现着实令我失望。我在讲台上兴致勃勃地讲着，他们都很积极地举手回答问题，可是当一个同学举手站起来说"老师，谁谁谁怎么样"的时候，我的心都凉了，顿时，心中又升起一股怒火，但我的舍不得致使我没办法对这些学生生气。乱哄哄的课堂，一个孩子举手，接二连三的学生都举手，他们把手举得高高的，嘴里喊着"老师，老师"，但提问起来，都不说一句正经的问题，给他们讲解英语题，他们都是瞪着圆滚滚的大眼看着我，令我很费解……

爱大于罚，鼓励大于批评。这些学生只是缺少关爱，不懂关爱。作为老师，我的责任就在于关爱他们，让他们懂得关爱他人，所以，三年（2）班的课堂不再是狂风怒吼了，变成了微风暖阳。课堂上少一句怒吼，多一分安静；少一句批评，多几张笑脸；少一分苛刻，多一片满意。

现在，我常常把谁做得非常好挂在嘴边，事情在慢慢好转，心情在慢慢恢复，成绩在慢慢提升！

## 二、案例分析

学生在课堂之上不配合，经常捣蛋，甚至唱反调，完全不听老师的教诲，这就关乎教师威信的树立问题。

苏联教育家加里宁说过："如果教师很有威信，那么这个教师的影响就会在某些学生身上留下永远的痕迹。"事实也证明了这一点。

进入学校这么久，我发现学生们对待老师的态度是不一样的。特别是高年级的学生，更是会区别对待老师。我觉得学生之所以会这样，和老师的权威有很大的关系。

传统教学十分强调组织纪律，我们将教材比作图纸，把课堂当成了车间，力求将学生加工成标准件，强调共性，忽视了个性。

在课堂教学中，过分强调了教师的主导性，学生只是被动地适应，总是教师教什么，学生学什么，或是教师讲学生听，教师问学生答。长期处在"讲解、示范→学生练习→集中辅导、纠错→继续练习→结论评价"的教学模式中，这种固定模式的主要特点是教学过程规范，有利于基本技术与技能的教学，但是备课用一种模式，上课用一种方法，考试用一种标准，这是现行教学中存在的一个突出问题，忽视了学生的个性，压制了学生创造力的培养，不利于激发学生的积极性、主动性，不利于培养学生的能力、探索、创新精神和发展学生的个性，限制了学生的思维和想象力，不能达到素质教育的目的。

在我国悠久的历史中，师道尊严的观念根深蒂固。学生是接受教导的人，处于未知和知之较少的地位，必须服从教师，接受教师的教导，教师的地位是神圣不可侵犯的。我们自己从小在学校接受的教育就是教师地位是至高无上的，必须无条件地服从教师，被动地接受教师的一切灌输。

教师的威信是一个教师顺利有效开展活动的必要条件，是开展和做好教学工作的必要前提，是教育和感召学生的精神力量。

教师的根本职责是教书育人。要完成教学的任务凭借的是教师的威信，要做好育人工作更要依靠教师的威信。只有那些德才兼备、品学兼优、有威信的教师，才能在青少年成长道路上真正起到激励作用。学生们敬佩这些教师的知识和才学，仰慕他们的品行和为人，对这些教师言听计从。这些教师说的即使是切中教育要害的尖锐批评，学生们也能充分地理解和接受。

教师的威信是提高和巩固教师群体形象地位的有力保证。教师的地位实际包括政治地位、经济地位、社会地位和群体形象四个方面，如果说前三种地位的提高主要依靠政府和社会，那最后一种地位的提高则主要依靠学校和教师自己。在现实生活中，如果每一位教师都能受到学生及其家长的特别尊重和由衷的爱戴，那么教师的政治地位、经济地位和社会地位也会随之提高。

## 三、应对策略

教师的威信是指教师具有让学生感到信服的感召力量，可以理解为教师在学生心目中的威望和信誉。"威信"与"威严"不同，威信使人亲而近之，威严使人敬而远之。教师的使命是启迪智慧、塑造灵魂，教师威信的高低，直接影响这一使命能否顺利完成。那么如何树立教师威信？如何让学生喜欢你的课，改变课堂乱糟糟的局面呢？

### 1.让学生先喜欢上老师

亲其师信其道，良好的师生关系能使学生拥有良好的情绪去面对学习。学生会因为喜欢一位老师而喜欢一门功课，同样也可能因为讨厌一位老师而讨厌学习该课程。一个被学生喜欢的教师，其教育效果总是超出一般教师。作为一名教师，如果你的学生喜欢你，喜欢上你的课，喜欢听你的话，那么你的教学也就成功了一半。如果学生对你反感，即使你把课件设计得再漂亮，他们也会不屑一顾。如何让学生喜欢你，这是一门学问。

（1）学会公正。

每个教师都有特别喜欢的学生和不太喜欢的学生。我们都喜欢聪明可爱又听话的学生，至于那些成绩不好又调皮捣蛋的学生，即使不喜欢，也不要表露得太明显，尽量多注意一下自己的行为，无形中要传递给学生这样一个信息：我是大家的老师，我不愿落下任何一个学生。

（2）学会宽容。

什么是宽容？美国作家马克·吐温说："紫罗兰把它的香气留在那踩扁了它的脚跟上，这就是宽容。"宽容是一种修养，是一种品质，更是一种美德。宽容不是胆小无能，而是一种海纳百川的大度。只要是人都会犯错，更何况是学生。宽容学生的错误和过失；宽容学生一时没有取得进步；宽容学生的任性和调皮……但是说起来容易做起来难，有时一到气头上，就会忍不住大骂一通，但有时不妨换换方法。我就遇过这样一个学生，他几乎天天犯错。我也毫不客气地训过他几次。突然有一次我心平气和地原谅了他，他受宠若惊，向我保证不再犯错。虽然后来他也在继续犯错，但每次在我知道前他都会主动向我认错，我想这也是一种进步吧！现在的孩子懂事更早了，更任性了，也就更难管了，但只要你是位学生喜欢的老师，他们信任你，教育效果就会更好。

（3）学会坦然。

"望子成龙，望女成凤"，这是做父母的心态，也是做教师的心态。每一位教师都希望自己的学生能取得优良的成绩，能养成良好的习惯，能成为一名优秀的学生。但由于家庭因素和周边环境的影响，学生行为习惯和学习习惯都不相同，加上父母工作较忙，无暇顾及自己的孩子，他们与孩子的交流只是简单的几句：你怎么还不做作业？怎么还在看电视？学习怎么那么差？如果教师也同家长一样，唠叨过多，这样只会令学生听得厌烦，从而讨厌你。不如站在他们的立场设身处地地去想，当他们意识到老师的良苦用心，也许自己就会努力了。

（4）学会幽默。

不少学生说特别喜欢听我讲话，因为我总是喜欢给他们讲很多事：有时讲我的亲身经历、有时讲故事、有时讲国家大事、有时讲笑话、有时就事论事……在讲这些事的过程中，还教给他们做人的道理，使他们在潜移默化中受到教育，慢慢提高自己各方面的素质。我还喜欢时不时开开学生的玩笑，所以在我的课堂上总是有笑声。我为他们创造了有张有弛的学习环境，学生们又怕我，又喜欢我。

（5）学会交流。

教师要放下架子，把学生放在心上。"蹲下身子和学生说话，走下讲台给学生讲课"；关心学生，努力做学生喜欢的良师益友。教育家雅斯贝尔斯说："真正的教育是用一棵树去摇动另一棵树，用一朵云去推动另一朵云，用一个灵魂去唤醒另一个灵魂。"教师要充分意识到自己的言谈举止对学生的影响，善于运用这种影响来引领孩子成长。

（6）学会鼓励。

没有人不喜欢听恭维的话，学生也是如此。在课上，我尽量精讲多练，让更多的学生有参与到课堂活动的机会。简单的题让学困生做，对了就及时表扬，树立他们的自信心。总之，善待每一个学生，做学生喜欢的老师，师生双方才会有愉快的情感体验，一个教师，只有当他受到学生喜爱时，他的课才会被学生接受，才能真正实现自己的最大价值。

**2.学会控制课堂**

如何控制好课堂？我们的课堂为什么会失去控制，为什么会"乱"呢？

一是授课内容枯燥，教学方法单一，没有将本学科内在的魅力展示给学生，久而久之使学生失去了学习这门课程的兴趣。失去了兴趣，自然注意力涣散，我行我素，干起了别的事——课堂自然也就"乱"了。

二是教师不懂学生的心理。由于受"应试教育"的影响，有些教师只拼命抓学生的学习，只重视学生的成绩，而忽视了对学生的关心和爱护。这样，久而久之必然造成师生感情上的隔阂，甚至对立。有些学生就会故意制造一些"小麻烦"，故意气老师——"乱"就不可避免了。

三是学生本身的特点。思考积极、发言踊跃、敢于怀疑，是青少年的心理优势。然而这种心理优势有时候也会以相反的形式表现出来，比如思路漫无边际、脱离正题，说一些无关的话，或做一些无关的事等——"乱"自然就产生了。不过这种"乱"也是正常和必然的。青少年注意力的特点之一，就是不能长时间的集中。学生在每天六节课的每一个40分钟内，都保持高度的集中，也是不科学和不现实的。"乱"有时候是学生一种无意识的"自我放松"与"自我休息"。

那么，我们如何控制并扭转"乱"的局面，达到由"乱"而"治"呢？还是那句话：对症下药！

（1）作为课堂的主导，教师要苦练"内功"。

精心备好课、上好课，将一堂堂精彩的课呈现给学生，但有时也要站在学生的立场来备课。什么意思？不知各位老师在授课的过程中有没有发现学生情绪的变化。如一段时间课堂气氛很热烈，可一段时间却又死气沉沉，这时如果还是按部就班上课，根本就没什么效果。遇到这种情况我会首先激发学生的兴趣来调动一下情绪。心情好了，学习自然就有精神了。

（2）教师要"爱"学生。

严以为表、爱以为里、严慈互济、宽严有度的教师是最受学生欢迎的，教师应该具有自己独特的人格魅力，很多时候疾言呵斥只会适得其反，更容易造成对自身威信的挑战。当然，批评是必不可少的，要学会正确及时地运用表扬与批评。表扬不仅仅是对良好学习行为的一种肯定，同时也是对不良学习行为的一种否定、一种提醒。我经常走下讲台，一方面便于与学生的交流，另一方面如果学生注意力不集中，也可以在较近的距离上用敲敲课桌、碰碰肩膀、低声叫出名字等办法进行提醒。如果总是"驻守"讲台，不但会失去许多与学生交流的机会，而且还有可能丧失对远离讲台的一部分学生的控制。这对维持课堂的纪律是很不利的。

### 3.重视第一印象

第一节课，每个学生都会期待他的新老师，若能给学生留下一个好的第一印象，就能在学生中树立好的形象和较高的威信，为以后上好这门课打下良好的基础。怎样才能给学生留下一个好的第一印象呢？

（1）要注重仪表美，使学生感到你是位可亲的老师。

近年来，随着全社会尊师重教氛围的逐步形成，人们对教师的要求也越来越高。与此背景相悖的是有些教师在自毁自己的形象，如在一些学校，教师不修边幅、举止不雅的现象依然不同程度存在。有的男教师衣服邋遢、留过长发须；有的女教师浓妆艳抹，装饰过于新奇；还有一些学校的教师夏天穿背心、拖鞋上课；等等。这些看起来是无关紧要的小事，却给学校、学生、教师本人造成了不良影响。它损害了教师的形象，不利于建立良好的师生关系，不利于集中学生的注意力，不利于培养学生的审美观念，不利于良好校风、校纪的形成。教师的仪表形象、风度，没有固定的模式，教师各有个性：有恬静的，也有活泼的；有温和的，也有严肃的；等等。个性、年龄、爱好、素养不同，仪表与风度当然也就不同。但端庄、谦和、亲切、自然、大方、纯朴却是对教师的总体要求，即使一坐一站、一举一动、一颦一笑都应该注意得体、恰如其分。

（2）注重感情因素。

教师的情绪会给学生的情绪带来很大影响，教师的情绪是积极的，课堂上的气氛就活跃；教师的情绪消极，课堂气氛就低沉。教师是学生的表率，是楷模。一举手一投足，学生都看在眼里；一颦一笑，学生都受感染。当你走进教室，面带微笑，就会给学生带来丝丝暖意，学生就会兴致盎然，对老师的教学就会产生兴趣，也就乐意学习，有了这种默契配合，何愁课堂教学效率不高，教学任务完不成呢？

### 4.认真备好每节课

备课是指教师上课之前所做的各项准备工作，它是教师教学工作中不可缺少的一个重要环节，意义重大。

（1）加强课堂教学的预习性和计划性。

一节课是由多个环节组成的，而时间却是有限的，如果教师备课不充分，就会造成课堂教学的前松后紧，或前紧后松，就会缺乏节奏感，而充分的备课则能有效地克服教学工作中的随意性。

（2）备课是教师自我提高的有效途径。

备课的过程，既是钻研大纲、"吃透"教材的过程，也是钻研教学艺术的过程，更是教师积极思维的过程。教师在备课中要钻研大纲、教材，阅读大量的有关书籍，并潜心钻研教学艺术。因此，教师只要认认真真备课，其文化科学素养、思维能力、业务水平就会不断提高。

（3）备课是提高教学质量的重要保证。

在备课过程中，教师熟悉了大纲、教材，掌握了教材的重点、难点和关键点，熟悉了学生，了解了学生的知识水平、接受能力、兴趣爱好和特长，确定了教学方法，准备好了教具，设计好了教学进程和板书、作业等，这就为上课奠定了良好的基础，从根本上保证了课堂教学效果。

# 主题 14  学生怎么逃课了

学生旷课、逃学是比较严重的问题，从品德方面说，是公开违反校纪校规；从学习方面说，是放弃学生的重要职责——学习。学生旷课、逃学是厌学、恐学的表现。旷课、逃学的学生，多数学习吃力，上课如听天书，根本不懂；作业不会做，或干脆不做，或者抄袭别人的；老师天天批评，有时还向家长告状；家长天天指责，甚至拳脚相加。这些学生一听学习就头痛，旷课、逃学可以暂时躲避一时，心里轻松一阵。有的在街上闲逛，有的去玩感兴趣的东西（如游戏机等），有的可能离家出走，有的想放弃学习出去打工。这些孩子既可气又可怜。

## 一、教育案例

"老师，雷同学有没有向您请假？他下午没来上课。"

王老师下午第一节课前去教室时，班长报告了这一消息。"他没有向我请假，记逃课。"王老师对班长说完这话后心里想："这个学生刚转来第一天就敢逃课，真够呛。"

回到办公室后，当王老师准备联系雷同学的家长时，却发现自己没有关于他的任何联系方式。雷同学今天上午刚转来，王老师还没来得及记录。另外，学生连转学证明也没交，而上午和他的家长交流时，家长说了几句话就匆匆忙忙地离开了。看来，只好等到明天再说了。

第二天早晨，雷同学来上课了。第一节课上课前，王老师就开始处理逃课事件。

"你昨天下午干什么去了？为什么不请假？"王老师的询问声调是很严厉的，而且是在教室里公开处理的。他以为，应该给这个新来的学生一个"下马威"，也让全班同学看看他对逃课这种严重违纪行为的态度。

......

"无所谓，对我来说去哪里都一样，反正我不想上学。"雷同学越来越不像话。

……

之后联系到了雷同学的家长，他的爸爸说让孩子的妈妈去学校，而他的妈妈则说让孩子的爸爸去学校。直到下午，雷同学的妈妈才来到学校。王老师自然也把雷同学叫到了办公室。

"王老师，这孩子是不是没救了？我真是没脸来学校啊……"接下来的半个多小时里，雷的妈妈边说边流泪。从她的叙述中，王老师知道她和雷的爸爸早在雷同学四岁的时候就离婚了，然后又各自组建了新家庭。法院判决离婚时，雷同学判给了爸爸抚养，而实际上是由爷爷奶奶带着。雷同学每次出现成长偏差，他的爸爸从来都不管，爷爷奶奶也管不了。

"老师，我在班里就自己的旷课行为公开道歉。妈妈您放心吧，我再也不会像以前一样了。"或许是妈妈的痛哭打动了雷，当妈妈正在哭着诉说时，雷同学打断了妈妈的话，提出了对自己的处理意见。

第三天早晨，雷同学交上了一份打印很工整的自我分析书。

看到这个结果，王老师也一直没有去找雷进一步了解他的具体情况，他以为这个学生要全面转变了。直到一个月后，雷同学又一次旷课时，他才开始重新思考如何处理雷同学的旷课行为。在搜集有关信息时，班干部反映的情况让他有些吃惊：雷同学在其他课时老是睡觉，有时会看一些青春类读物，作业绝大部分都是抄的，他已经多次和同学说起自己不想上学了……搜集了更多的信息后，王老师感觉到处理雷同学的旷课行为不能再像上一次那样了。

## 二、案例分析

逃学这种行为是一种外在的表现。针对这一表现，我们要对其进行一些帮助。不能只盯在逃学的外在行为上，而应该更关注内在的逃学动机。就像这个案例里，我们看到的那样，后来他不逃学了，但是他上课却睡觉或干别的。逃学习惯消失了，但是问题解决了吗？没有。所以一定要对每个出现旷课行为的孩子进行个案分析。此案例中呈现的学生旷课行为是中小学常见的不良行为，是学生成长障碍中最具危害性的问题之一。由于其成因复杂、危害性大，因此班主任处理起来难度颇大。

我们如何认识王老师的教育行为？王老师发现了雷同学的旷课行为后立即处理，是值得肯定的日常工作行为。王老师想消除雷同学的旷课行为对班级的负面影响，是对的。王老师向雷同学明确继续旷课的后果，是必要的。

需要讨论的是，这样的"吓唬"，只是王老师的教育策略，还是真想这样做，从后来的教育行为看，更大的可能是一种教育策略。在处理问题的过程中，关注一些关键信息是一种良好的工作习惯。联合家长的力量来处理旷课行为是理想的选择。当王老师发现雷同学又一次出现旷课行为时，决定用新的方式来处理也是理智的。

王老师怎样才能把工作做得更好？王老师在教室里公开处理雷同学的旷课行为时，其语气选择没有考虑到容易引发他和雷同学的冲突。"冰冻三尺，非一日之寒"，王老师没有意识到雷同学答应不再旷课这一许诺的不稳定性。还可以从原来的学校和班主任处以及雷同学本人那儿了解更多的情况，研究其成长的轨迹，使工作做得更有针对性。

从这个案例中不难看出，班主任处理旷课问题需要多角度思考，需要从每一个旷课学生的实际出发，采取不同的教育措施。正所谓"一把钥匙开一把锁"，经常旷课的学生，是一把多锈的"锁"，切不能简单化地处理。

针对王老师的做法，有两点是需要考虑的。

第一，教师要认识到逃学旷课这个行为的内在原因是多方面的。可能是他对学习没有兴趣，学习活动本身无法吸引他，数学、语文、物理等哪个课程他都觉得枯燥、没意思，或者感到学习困难。总而言之，旷课逃学的学生都有不同的原因，一定要做好个别的分析、了解。案例中的老师在不了解学生背景的情况下，认为孩子不遵守纪律，甚至把维护纪律看得比教育孩子更重要。其实，对于转学的学生而言，不论是哪类学生，他们对新环境的适应都是有一定困难的，都要面临一些难题。这时候，学生有一些退缩行为、不上学也是不正常中的"正常"现象。对刚转学的学生，老师应该抱一种接纳、理解和帮助的心态，而不是说学生有这样的行为马上就认定学生是有意破坏纪律。

第二，对于旷课行为的改变，首先要帮助学生建立起对学习的兴趣，毕竟学生在学校里的主体活动是学习。建立起学生对学习活动的兴趣是一个动力，是内在的、根本的，而不能强迫学生坐在这儿。案例中的教师把家长找来，然后要求学生认错，不仅让学生难堪，也让学生的妈妈很难堪，这样的方法都是外在的、强迫的，没有达到让学生发自内心地改变。要增强学生对学习的乐趣，具体的做法是教师需要跟这个学生建立起相互信任的关系，让其喜欢老师，相信老师是为他好，然后，他才能相信老师的话。班主任是学生和校园生活的一个最重要的联系渠道，这个渠道是通畅的、有效的，学生回归校园的动力就会增加；相反，如果这个渠道对他是排斥的，这个学生回归校园就会非常困难。

## 三、应对策略

现在条件好了，却有很多学生不喜欢上学了，在学校里坐不住，就想着出去玩，有的都到了旷课逃学的地步。遇到自己的学生逃课，教师该怎么办呢？

### 1.注意批评的原则

（1）端正态度。

因为批评本来就是一种惩罚的手段，是用它来教育学生、帮助学生提高认识的一种手段。不能因教师过于生气而说过火的话、做过头事，这样反而伤害了学生的身体和心灵。

（2）把握心理。

由于学生时期正处于心理的成长期，他们的自尊心很强，也十分重视自己在同龄群体中的形象，十分重视同学、父母、师长甚至是异性朋友对他们的态度、评价，这都是处在青春期的学生普遍存在的一种特殊心理现象。因此，教师要根据学生的认识基础和情感，采取相应的批评方式。如有的学生可以采取公开热烈的方式，但有的学生就需要采取委婉含蓄的方式。

（3）公正合理。

教师在批评学生时不能带有偏见，不能有优等生、差等生之分，批评的程度应该一视同仁，对学生的缺点、错误、过失情节、性质和后果要同等看待。

（4）真诚关爱。

批评学生并不是一味地指出错误，同时还要从关爱学生、理解学生的角度进行亲情教育，用自己的真心来感动他们，让他们吸取教训、提高认识。

### 2.注意批评的方法

（1）口头批评。

这是教师和学生之间一种最直接、最有效也是最常用的交流方法。在学生犯错的时候用严厉的语言口头呵斥等方法及时进行批评教育，制止学生进一步犯错。但切忌用挖苦、嘲讽的态度。

（2）书面批评。

针对学生犯错后可能还没真正认识到自己的错误时，我们可以采取书面提醒的方式进行批评教育，指出错在什么地方，有什么危害，让他意识到自己犯错的事实，并提出改正的措施。

（3）谈心批评。

通过与学生面对面交谈，进行和风细雨式批评，回避了在大庭广众下对学生进行批评，不致产生逆反心理的对抗意识。在谈话中，教师要态度温和、说理充分、不包庇不护短。

### 3.注意批评的尺度

（1）防止批评过头。

教师要防止自己情绪的失控，把学生的缺点和错误夸张、渲染，这样脱离了实际情况，反而会使学生产生反感，带来消极作用。

（2）控制批评频率。

教师不能不管错误大小，带着偏见经常对一些学困生或纪律不好的学生进行批评，或者对某些学生身上存在的固有缺点进行批评，久而久之形成一种心理定式，产生惯性批评。

（3）区分批评的场合。

可以说批评的场合不同，也常常影响到批评的效果。相信绝大多数学生都不愿意在公开场合被老师批评，有些批评本来他们完全可以接受，可一旦在公开场合受到批评，他们就会十分固执地顶撞、抗拒老师。因此，教师在批评学生时，应尽量避免在公开场合，而多采用个别交谈、课后交谈等方式，以便学生接受。

# 主题 15　学生给我起外号

自古以来，教师都被赋予极高的尊严。学生给教师起外号，那就是被认为对教师大不敬。学生背地里给教师起外号的现象早已见怪不怪。对于这个问题，教师既不能对学生进行打击，造成师生关系紧张，也不能充耳不闻，任其发展。那么，应该如何看待学生给教师起外号问题呢？

## 一、教育案例

上午第二节课下课，全校同学都在操场上做操，我也按学校的要求去跟操，来到操场上一看，我们班站在队伍后面的几个男同学动作缓慢，手都没抬起来。见到这种情景我不禁火冒三丈：天天说做操是锻炼自己的身体，而且学生会的同学就在前面检查呢，这些人怎么就是记不住呢？想到这里我怒气冲冲地走到那几个同学旁边大声地点名呵斥他们。随后解散了，我也随着学生的人流往四楼走去，刚到三楼转角处就听到从四楼传来了几句对话：

"死老鹰，臭老鹰！"

"别说了，老鹰上来了。"

"哼，怕什么……"

我一听心里更加来火了，直觉告诉我，他们这是在说我，因为我的名字里也有一个字同鹰读音相同。我加快了脚步，一上四楼的楼梯，就看见几个身影快速地闪进教室。我来到教室门口看见里面的学生：有站着的，有坐着的，有聊天的，有玩耍的……我一时也无法肯定刚才是哪几个同学在说我，但是我很肯定有班上的"名人"小信。他是个经常违反校纪班规的人，上个学期上课扰乱课堂秩序、打架、抽烟、逃课、逃学、骂老师，进政教办公室对于他来说是常事。我站在教室门口正想责问这件事，可上课铃声响起来了，于是我交代小信下课到我办公室，就走了。

回到办公室，我的心久久不能平静：学生居然给我起外号，为什么？他们在背地里是不是经常说我呢？我哪里做得不够？这事不容忽视，给老师起外号，这不是不尊重老师吗？我一定要狠狠地处罚他们。

下课了，小信一副桀骜不驯的样子走进办公室，那眼神看着我仿佛在说，"我啥地方又惹你了？"看见他这样的态度，我好不容易平静了的心又冒火了，怒不可遏的我想指着他大骂一通，可看到办公室还有很多老师在，就强忍住心中的怒火，以还算平和的语气问他："你们刚才做了什么事？"

小信斜着眼睛看了我一眼，没作声，我一见他这态度不禁激动起来，提高了嗓门儿，"你说话啊！"顿时，整个办公室的人都被我的高声吓了一跳，一个也不说话了。

我突然意识到了自己的急躁，如果只是一味地痛斥小信，他可能会产生更严重的抵触情绪。于是我慢慢降低了声音，语气也开始缓和了下来，把话题转到他近期的表现上（开学这两周表现还不错，还没违反过什么纪律），询问他放寒假做了些什么、新学期有什么想法、他在学习和生活上有没有什么困难等。小信先是一愣，交谈了一会儿，见我没有批评他，表情也开始缓和了，很明显，他内心深处与老师的敌对情绪开始放松了。

我又问："你平时和哪些同学要好，和班上同学关系怎么样？"

他一听这话题就来劲了，兴致勃勃地说起了和同学们之间的事，言语中不时提到好几个同学的外号，我一一问了都是谁，随后话题一转，"同学们都有外号，那我有没有呢？你们私底下怎么称呼我的？"

小信脸一红，看了我一眼，慢慢地低下了头，没作声。

我说："不要紧啊，你们都有，我有也很正常，没关系的，说说看。"

小信不敢正眼看我，小声地说了一声："老鹰。"

我心里一惊，还真是有啊："老鹰？这名字蛮好嘛，我喜欢，是谁的杰作啊？"小信不好意思地笑了笑："是我。"

"为什么是老鹰呢？有没有什么特别的含义？"

"你管我们那么严，就像老鹰一样，很厉害，很强势。"

"哈哈，我有老鹰那么厉害吗？老鹰抓小鸡可是一抓一个准儿哟！"我听了小信的解释忍不住大笑起来，原来"老鹰"这外号并非恶意。小信也跟着羞涩地笑了。趁着这轻松的氛围，我一转话语："我很喜欢这名字，可是我不太喜欢在前面加个'臭'字哟！"小信一愣，随即不好意思地低下了头："老师，对不起，我不应该那样骂你。"

"为什么要这样说呢？"

"因为课间操您当着那么多同学的面骂我们。"

我心中的火气消了，原来是我伤了他们的自尊心："是老师不对，不应该当众大声骂你们，老师在这里给你道歉了，你能接受吗？不过，你不认真做操对吗？你们正处在长身体的时期，经常做操，可使身体各部位的肌肉、关节和韧带得到锻炼，使人精神振奋，同时可以防止肩部前收、驼背以及脊柱弯曲等不良姿态，有利于健康成长、体态健美。大家每天都要做操，做操最重要的是坚持，无论严冬酷暑都要认真做操，这样能够锻炼意志，久而久之就能养成锻炼的习惯。因此老师希望你们每天都能认真做操。"

"对不起，老师，是我们惹您生气了，我们做操做得不够好……"伴随着一阵小声地抽泣，我看到小信脸上有几个泪珠往下落。

　　我非常惊讶,心里也很震撼:这样就能让孩子感动了,是不是我以前对他太苛刻了?回想起他以前每一次违反纪律都是在我们的责骂呵斥中度过,也许我们从来没有关注过他的内心,只看到他的缺点。我轻轻擦掉他脸上的泪水,语重心长地说:"今天这事,希望你能吸取教训,不要再犯相同的错误,平时和同学们说话时也要注意使用文明用语,不要让坏习惯伴随终生。"看着小信离开,我暗自庆幸没有大发雷霆,没有给他"上纲上线",使事态扩大。

## 二、案例分析

　　通过这件事,教师深刻地意识到,自己需要的不仅是一腔热忱和一颗爱心,更需要具有良好的沟通能力和表达能力。教师对学生要有爱心、耐心、恒心、细心、真心,要及时发现学生的优点和不足,优点要表扬再表扬,不足要指出并引导其改正,坚持不懈地、真诚地帮助学生。学生的教育工作不是一两天就能完成的,要坚持不断地帮助,关爱要深入,要把超越母爱的师爱奉献给学生。

　　教育要以人为本,以生为本,关爱学生,帮助与鼓励学生,指导与表扬并用并重,在学习上要引导学生体验成功,树立信心,激发学习的兴趣,使学生的主动性得到发挥,学生学习才会进步。正如著名教育家夸美纽斯在《大教学论》中写下的教育理想:"找出一种方法,使教师因此可以少教,但是学生可以多学;使学校因此可以少些喧嚣、厌恶和无益的劳苦,独具闲暇、快乐及坚实的进步。"

　　教师要把学生作为教育资源来开发和利用。学生的全部经验、智慧、知识和学习内在积极性都要成为教师的教学所用,成为动力之源、能量之库。我们所做的,全都要通过学生自己去最后完成。教师借学生自身的能力,本体的力量,内在的潜能,发展学习天性,达到学习的最高境界,进行自主学习、忘我学习,使之达到最高的效率最好的效果。

## 三、应对策略

### 1.冷静对待,以静制动

　　冷静,使紧张的局面降温,避免了师生矛盾激化。我们应该多思考教育责任,少思考个人尊严,保持平静的心态,站在学生的角度想一想。处理问题时,教师要注意用词稳妥,语调平缓,以达到"熄火"的目的,而不是

"助燃"的作用。如此的冷处理，给学生留了台阶，让他们反思自我、改正错误。

### 2.宽容谅解，调查研究

试想，我们做学生时，是否也曾给老师起过外号？学生毕竟是孩子，正处于调皮、活泼好动的年龄，犯点错是免不了的。教师不必大惊小怪，更不必怒发冲冠。教师应该以宽阔的胸怀、良好的涵养宽容他们，尊重他们的话语权，允许他们解释，让他们从思想上认识到自己的错误。教师还要善于察言观色，认真调查，弄清学生给教师起"外号"的原因。学生给教师起"外号"，也有褒贬之分。对待恶意的"外号"，我们应该理性对待，不能依靠教师的权威，让学生心生畏惧。总之，我们应该体谅他们，做个智慧的教师。

### 3.因势利导，促其转化

找出了原因后，教师不必急着批评，应该晓之以理，动之以情，抓住起"外号"事件这一契机教育学生，树立教师光辉高大的形象。例如，可以让学生来个换位思考，假如你被人起难听、带有侮辱性的外号，你会怎么样？让学生明白给人起"外号"，是对老师不尊重、不礼貌的表现。当然，教师也要反思自身教育教学的问题，及时进行自我修正。

我相信，教师做好了以上三步，学生给教师起"外号"的问题便迎刃而解。

## 主题 16　自习纪律乱哄哄

教师总会遇到这样的问题：如果没有老师在场，学生的自习课、晚修课等课堂纪律就会乱哄哄的，但是老师一出现，又马上静下来。想抓一两个典型的例子吧，发现根本无从下手，因为细声讲话的人不在少数，叠加起来整个班就很吵，点名批评某几个在交谈的学生吧，那几个学生又说自己在问问题。导致自习课、晚修课等必须要有老师把守。甚至，有时候老师在班上边批阅作业边看管晚修，但是总有一些学生在私底下叽叽喳喳小声谈笑，一抬头扫过去，又没有了。但是过个两三分钟，又出现了谈笑声。

## 一、教育案例

"老师，×××说他喜欢季老师不喜欢你，因为他觉得你太凶了。哈哈……"

"老师，你知道我们班最喜欢撒娇的小女生为什么不找你撒娇吗？因为你看起来太凶了。"

"老师，你一站在我旁边汗毛都要立起来了。"

同学们都不喜欢我，觉得我很可怕，仿佛我是一个吃人的老虎。可是他们不知道我刚上班时曾经也是一个对学生、对工作抱有美好希望的人。我觉得我的每个学生都是一个小天使，我会对他们说"我爱你们"。我为以后和他们的相处勾画了一个美好的蓝图。同学之间友好相处，师生之间温暖有爱，课堂氛围和谐融洽。大家就像一个大家庭一样共同成长。

可现实呢？

每次在我的自习课上，教室内都是乱哄哄一片，有追逐打闹的，有大声说话的，课本作业没准备好更是家常便饭，我总要花大量时间整顿纪律，大大降低了教学的效率。在我的自习课上，无论我是在单独辅导学生，还是在课堂维持纪律，总有学生交头接耳、窃窃私语，也有学生心不在焉，漠不关心，一节课要喋喋不休地教育学生，心情跌入谷底。在我的自习课上，甚至有个别学生下桌说话，抢夺别人的作业、放飞机、玩游戏、睡大觉……

我对他们的温柔换来了课堂纪律乱哄哄一团糟。皮学生觉得这个老师这么温柔，多好欺负啊，他们肆无忌惮地在课堂上做各种与上课无关的小动作，消费着我对他们的温柔。

我理想中的同学有爱，现实却是他们当着我的面打架。他们又一次透支了我对他们的温柔。

我对他们的温柔换来了月考成绩我们班倒数第一名的后果。

孩子们，你们让我怎么再温柔呢？

## 二、案例分析

课堂规则是良好课堂纪律、课堂管理形成的基础。根据首因效应，学生在开始时就掌握课堂规则，遵守课堂纪律，养成良好的习惯，对之后的学习有着重要的作用。

### 1.维持课堂秩序，促进学生学习

课堂规则的制定旨在规范学生的课堂行为，如果学生遵守课堂规则，就会得到教师和同伴的肯定和赞扬；相反，如果学生违反课堂规则，就会得到教师和同伴的批评和指责。在新学期一开始就规范和约束学生行为，形成良好的行为规范，严格监督，有助于维持课堂秩序，及时纠正问题行为，保障教学顺利进行。同时，适当的课堂规则，可以加强学生之间的合作，使师生相处融洽，形成积极的课堂氛围，促进学生课堂的学习。

### 2.培养学生良好的学习行为和习惯

小学生掌握课堂规则尤其重要。小学生正处在成长阶段，很多方面都不成熟，课堂规则可以引导学生遵守课堂纪律。习惯的形成是一个循序渐进的过程，是由被动到主动的过程，课堂规则先由教师指导执行，逐步被学生接受和内化，就会激励学生自我管理和自我要求，形成自律的良好习惯。

### 3.及早培养学生的规则意识

规则是人们社会生活必须遵守的行为准则。按规则办事是社会生活的准则，规则意识越强，人的素质越高。课堂规则是规则的一部分，学校是学生学会学习、学会做事并培养规则意识的重要场所。及早地要求学生遵守课堂规则，有助于及早地向学生灌输规则意识，帮助他们意识到规则的重要性，有利于之后规则意识的培养。

良好的开端是成功的一半。学生越早掌握课堂规则，对学习和行为习惯的养成越有帮助。因此，教师要重视课堂规则制订工作，引导学生积极参与到课堂规则的制订工作中。课堂教学只有拥有良好合理的课堂规则，才会有积极和谐的课堂氛围和良好的课堂秩序，才能实现有效和高质量的课堂教学，才会促进学生的全面发展。

课堂规则是课堂秩序的保障，是实现有效课堂教学的重要保证，是学生首先要学习的行为规范准则。正所谓"没有规矩，不成方圆"，在课堂教学有限的时间和空间内，建立制度化的课堂规则，明确规范学生在课堂中的行为，有利于维护课堂教学秩序，保障课堂教学的顺利进行，有利于活跃课堂氛围，激发学生的思维，促进学生的发展。

课堂规则是课堂成员应该遵守的、保证课堂秩序基本行为的要求和准则。课堂规则具有规范课堂行为、维持课堂秩序、培育良好行为以及促进课堂学习的功能。教师通过制订一系列的课堂规则使学生知道作为课堂成员应该做什么、不应该做什么。制订课堂规则的方法多种多样，主要有自然形成法、引导制订法、参照制订法和移植替代法。

课堂规则要具体明确，不能笼统抽象。针对某一具体的规则，要说明具体的操作方式。教师要告诉学生怎样做，而不是禁止学生不要去做什么。如在课堂中教师要求学生举手回答问题，要求学生迅速安静，教师首先要具体地告诉学生指示话语或手势。

课堂规则不是要限制学生的行为，不允许学生有任何的表达和活动，只能安静地听教师的讲述，这违背了学生的天性，这种课堂规则会影响学生学习的积极性。合理的课堂规则既要维护课堂教学的规范，又要根据学生的年龄特点，适当地满足学生的需要。小学低年级学生，注意力集中时间短，教师应该适当地让学生放松。良好的课堂规则不是要束缚学生，而是要规范学生的行为，营造良好的课堂氛围。

课堂规则是针对全体学生的规范，设计要合理。教师应归纳总结课堂规则，做到少而精，在学生掌握一定的规则后，逐步增加规则。课堂规则需要用语言表达出来，规则的表达应通俗易懂，用词恰当、生动，有利于学生理解并快速掌握课堂规则。在开始阶段，教师要多次向学生强调课堂规则，直到学生习惯并能自觉遵守课堂规则。

教师使用积极鼓励的语言，鼓励学生做到哪些行为，并对学生的行为给予积极肯定，时刻表现出对学生的尊重与期望。规则的目的不是禁止，而是要充分给予学生自由，在遵守课堂规则的前提下，教师应积极地鼓励学生参与到课堂活动中。

对于教师来说，把学生当作魔鬼，课堂就是地狱；把学生当作天使，课堂就是天堂。魔鬼和天使是由教师的心态来决定的，一念之差，天壤之别。改变心态，也许就会豁然开朗。

### 三、应对策略

自习课规则的制订依据包括四个方面：法令与规章、学校及班级传统、学生及其家长的期望、课堂风气。第一，法令与规章。课堂规则要以法令和学校的规章制度为依据，这样可以保证课堂规则遵循法律和学校规定的课堂教学规范，不会出现过严或过松的课堂管理现象。第二，学校及班级传统。学校及班级传统可以提供借鉴经验，学校和班级形成的一套适合本学校和本班级的课堂规则是非常有用的，按照这些传统制订的课堂规则往往是最有效的课堂规则。第三，学生及其家长的期望。教师负责课堂规则的制订，在很大程度上会决定课堂规则的内容，但是学生是课堂规则的执行对象，教师应该重视学生的意愿，采纳学生积极的、正向的建议，同时也要参考学生家长的意见，结合多方面的建议才能制订出比较符合班级学生实际的课堂规则。第四，课堂风气。课堂规则要根据课堂风气的变化而变化。随着班级氛围的变化或班级新问题的出现，课堂规则也要改变。

课堂规则是课堂秩序的保障，是实现有效课堂教学的重要保证。课堂规则的制订应该遵循的原则包括以下四个方面。

### 1.正确处理尊重学生和遵守规则的关系

新课程要求教师尊重学生，并不是说在课堂教学中学生无须遵守课堂规则。尊重学生旨在师生之间建立良好平等、民主和谐的师生关系，尊重学生并不意味着放任学生。教师应该在尊重学生的基础上建立符合学生发展需要的课堂规则，课堂规则既要维护课堂秩序，又要遵循学生成长发展的规律。同时，在课堂规则制订的过程中，学生的参与也是尊重学生、师生平等的重要体现。正确处理好两者的关系对实现有效课堂教学有着重要的作用。

### 2.师生共同参与，不断修改、完善课堂规则

很多班级的课堂规则都是教师制订的，忽视了作为主体的学生参与。学生参与课堂规则制订的过程，正是学生认识课堂规则、自我教育的过程，只有了解和认同课堂规则，学生才会自觉地遵守课堂规则。任何规则的制订都不是一步到位的，而应该循序渐进，随时发现问题，随时补充完善。师生共同参与并制订行之有效的课堂规则，有利于双方共同遵守。

### 3.课堂规则要符合学生的年龄特点

对于刚入学的小学生来说，学习环境和方式都发生了改变，幼儿园的课堂规则已不再适合他们，适应新的课堂规则对于他们来说是一个新的挑战。此时教师应该根据他们年龄的特点制订符合他们实际的课堂规则，要简单易懂。教师通过讲故事、做游戏等方式帮助学生了解并掌握课堂规则。对于年

龄较大的学生来说，教师和学生可以通过班会等形式共同制订课堂规则。

**4.学生若违反课堂规则，给予必要的惩罚**

课堂规则一旦制定好，就是全班同学共同遵守的班级准则，若有学生违反课堂规则，应该给予必要的惩罚。教育的目的是促进学生的全面发展，在尊重学生的前提下，适当惩罚也是必要的。适当的惩罚不仅可以强化学生对错误行为的认识并改正不良行为，而且可以督促其他学生认真地遵守课堂规则。

# 主题 17　课堂上的小纸条

上课传纸条，常常表明相关的学生没有认真上课。纸条内容多数是一些闲话、情话或者其他与教学无关的内容。对于课堂上的小纸条，教师如何处理，体现着教师的智慧。

## 一、教育案例

今天上午的大课间，我从操场整好队伍，急匆匆去会议室观看了少先队大队委的竞选仪式。仪式结束后，上课的铃声早已响起，我快速向教室冲去，从窗外看去，值日班长正在有秩序地安排同学们自由阅读，看得出同学们的自习课纪律还是不错的，我不忍打破此时的平静，就悄悄地在教室后门拿起一本同学的语文书翻阅着。

忽然"扑哧"一声，虽然这笑声有些低，没有引起同学们的注意，但还是划过我的耳畔，我飞速环视了一下教室，期待那个不和谐的音符浮出水面，可是同学们出奇平静，静得让我不相信自己的耳朵。就在我怀疑自己的耳朵出了问题时，小王这机灵的孩子扬在嘴角上的一抹浅笑，早已暴露无遗。我的目光在他脸上停留了几秒钟，他迅速低下了头，好像手里的半张纸也被他慌乱地塞到书桌里，这个拙劣的动作自然逃不过我的眼睛，我知道藏在书桌里的纸条一定有故事发生，刚才那"扑哧"的笑声也一定藏在这纸条里。我实在不想打破这平静的课堂，装作视而不见听而不闻，同学们继续阅读自己的故事。

　　直到下课铃声响起，我快速走到小王面前，唯恐弄丢了课堂上的精彩故事。我急不可耐地说："拿出你刚才的纸条……""老师，我给小飞了。""小飞拿出你的纸条。"我迅速转向小飞。"老师，不是我写的，那是小张写的，我给他了。"这动作够快的，竟然在我眼皮子底下神不知鬼不觉地完成了三次"大迁徙"，"拿出来，老师看看你写的什么，老师很好奇。"我又转身对小张说。"老师，没有。"只见这孩子低下了头不敢看我。"看着老师，不许跟老师撒谎，撒谎的孩子老师不喜欢。"我还是极力去说服他拿出纸条。"给，老师。"这孩子声音低得我几乎听不到，但这张纸条我看得清清楚楚，上面的字迹很工整，我接过纸条，快速地浏览了一下，内容让我很吃惊，三年级的孩子竟然写出了男女之事，我不敢相信，再一次读了一遍这个纸条上的内容，从书写字体到内容都是一气呵成。

　　我不相信这是出自三年级孩子的手，我想知道背后是谁在误导这个纯洁的孩子。由于不想被其他同学知道，我把学生悄悄叫到办公室一角。我知道这孩子母亲常年外出打工，很少顾及他的学习，倒是孩子的父亲一直赋闲在家，每天接送他上学。我想知道他背后的故事。于是我并没有批评他，而是先问他母亲去哪里干活了。说到他母亲，我看到他眼里有晶莹的泪珠溢出。"你的母亲很辛苦，你也是个懂事的孩子，平时在家里自己洗衣服吗？做不做家务？"我的目光没有离开他半秒。"老师，爸爸不爱干活，平时就在家看电脑，让我自己去学习，有时候我扫地、洗衣服。""你真是一个好孩子，你爸爸不干活看电脑，你看不看？""爸爸不让我看，我就偷偷看。"这孩子低下了头，我知道了故事背后的真相。"你写在这纸条上的东西，是不是从电脑里看到的？你告诉老师这样写你的好朋友对不对？如果是你的好朋友这样写你，你还会喜欢你的好朋友吗？""老师，我错了，我不应该这样写我的好朋友。"这孩子不停地哭泣着，表达着内心的愧疚。"无论是不是好朋友都不应该这样写，内容不健康的我们不能看，更不能去写，你如果把这心思用在作文上，我相信你的作文一定很出色，今天老师给你布置一项特殊的作业，写一篇日记'课堂上的小纸条'，写出你对同学的歉意，写出老师对你的希望，老师也写，明天咱们互相交换，这是咱俩的秘密，好不好？""好！"只见这孩子擦拭了一下眼泪，头也不回地跑开了。我知道他心里一定藏着许多要对老师说的话，我期待着，期待着明天他漂亮的日记。

最后，我想对家长朋友说一句话："你的一言一行，孩子都在看着！千万不要让你的不好习气映射到孩子纯净的心灵，希望每个孩子都能在幸福的家庭里健康苗壮成长！"

## 二、案例分析

近年来，有关小学生的恋爱问题被频频拿到网上曝光。去年，出现了一小学五年级男生给女生写了 100 个"我爱你"的情书风波；今年年初，网上又爆出小学六年级学生的"藏头情诗"纸条；如今，某小学五年级出现"我爱你"的告白纸条。这些被定义为"情书"的文字，成为小学生早恋的证据，并让越来越多的人开始担忧早恋呈低龄化的趋势。那么，小学生的这些所谓"情书"真的可以判定其早恋吗？

国家二级心理咨询师胡莹洁表示，的确，现在的一些小学生出现了所谓的"早恋问题"，他们或互写"情书"，或趁家长不在"煲电话粥"，或在 QQ 上互说一些"肉麻"的话。孩子出现这些情况的原因，主要是受到影视传媒、小说等负面影响。十多年前，儿童接受的资讯相对较少，当他们对自己的同伴有好感时，通常会用一种自发的行为去表达。而在当下，因为受影视剧里情爱情节的影响，比如男性对女性表达好感通常是送玫瑰花，会说"我爱你"，小学生就会被这样的一种表达方式所吸引，进而模仿。所以他们的"早恋"行为只是一种朦胧的模仿，"情书"里的文字也并不能按照它的字面意思来解释。严格说来，小学生间的"爱"是对同伴之间乐意相处的一种表现，跟成人眼里的爱完全不同。

金华站前小学心理咨询室相关负责人指出，当孩子出现一些类似"早恋"的苗头时，教师和家长千万不要以为"只要我发现的事情，就一定要管"，才是对孩子负责。原本孩子之间这点不大的事情，被教师、家长一管，很可能会弄巧成拙，给孩子的心灵留下阴影，得不偿失。她建议在对待这个问题上，家长和老师要抱着顺其自然的态度，只要事情不闹大，教师、家长最好装作不知道。想想我们自己小时候，有多少事瞒着老师、父母，不也都靠自己解决了吗？

感情观的建立需要父母、教师的正确引导，同时也需要孩子亲身经历一些事情，慢慢去体会。要想一块田地不长杂草，最好的方法不是拔草，而是在里边种上希望收获的庄稼。只要家长和老师在平时多教给孩子一些对待异性的正确观念，大部分所谓的"早恋"问题，孩子们都能够自己处理好。

### 三、应对策略

学生上课传纸条，很多内容是男女学生之间互有好感。这虽然符合中学生生理、心理发展的规律，但并不是性成熟的必然产物。因为人的一切行为都被一定的思想和意志所支配，教育在这个问题上并不是"无为"的。所以，对中学生的早恋，要加强研究，掌握规律，寻求对策。

#### 1.要善待学生的初恋

少男少女之间发生的相互爱慕之情，叫作初恋。这种初恋是脱离世俗与功利主义的，是不考虑婚姻的，是一段纯美的情感经历。初恋是人生绽开的第一朵鲜花。一个身心健全的人，平心而论，谁没有过年少时初恋的美好经历？虽然它像梦一样迷茫而短暂，但它注入人心的那种温馨、向往，难道不是培养美好情操的动力吗？我们肯定初恋，并不意味着可以听任学生们盲目坠入爱河。因为他们年龄还小，还不识"水性"，还招架不住爱河中巨大漩涡的冲击，闹不好会被爱河淹溺。作为老师和家长，需要对学生的异性交往加以指导，无端地禁止和阻挠往往会使学生们的异性交往发生畸变；明智的态度是开放、是疏导。在观察和分析的基础上，可着手进行耐心疏导，其中谈心是进行疏导时最常用的方法。

我们应该给初涉爱河的少男少女的心灵之舟以导航，指导他们学会把初恋的纯情珍藏在心底，使之成为一种激励力量，理性把握人生走向。这个初涉爱河的男孩从他的父亲那里得到了这样的人生指导，真是太幸运了。

我们作为一名教育工作者，该不该让初涉爱河的学生们也享有这种幸运？

#### 2.要善于采用新的方式对学生加以引导

根据目前早恋的特点，现在的中学生已不能从强调"名声"与责任感的角度进行教育，而应从新的角度切入。

（1）对比考虑，自我认知后果。

我曾问学生为什么要早恋，他们说这挺好玩。我又问他们以后怎么办，他们说以后不可能在一起，分手就分手吧。学生将感情看得十分浪漫，但对感情所造成的伤害，就需要老师事先打预防针。曾有这样一对早恋的学生，一方面每天至少一个电话，周末时间总在一起逛街、聊天，严重影响了学习；另一方面男孩准备毕业后去外国留学，问起他们将来打算怎么办时，他们都能回答得很轻松："分手吧，没什么大不了的。"于是，我对女孩说："你能不能试着与他分手，看看自己的感受。"几天后女孩找我说，分手让她很难受。我便告诉她："你们这才刚开始接触感情，这么短的时间便让你觉得分手很难，那么随着时间的推移、感情的深入，分手给你造成的伤害只可能更重，而不可能更轻。而分手又是一种必然，你将怎么办？"也许是害怕以后受伤太深，女孩在经过几天的思考后毅然与男生分手了。其实，学生想去尝尝感情的滋味并不是一种必不可少的心理需要，更多的是他们只知道感情的美妙，却没有意识到它可能带来的伤害，而将来一旦意识到时又为时太晚，会对学习和生活造成极大的影响，甚至影响学生的整个人生观、世界观。所以，教师有义务在学生受到伤害前提醒他们，让他们懂得保护自己，避免受到伤害。

（2）审美教育，防患于未然。

学生成长过程中难免会出现心理波动，但许多事情的发生不是不可以事先预防的，所以应该尽早对学生进行审美教育。一方面，让学生明白初恋是人生中最纯洁的感情之花，无论它开在什么时候都是应该珍惜的；另一方面，让学生明白异性间的接近是以倾慕为基础的，要想让对方注意自己，就必须让自己变得更出色。尝试过进行这样的引导后，学生会以一种更为纯洁的心理去对待第一份感情，也会学着让自己变得更出色，从这个角度分析，对他们的成长何尝不是一种动力呢？

### 3.要鼓励和指导好中学生异性交往

青春期学生的异性交往，既可引发初恋的情感，导致早恋的发生，也可以使初恋情感得到净化和升华。究竟朝哪一个方向发展，往往取决于教育者的引导。因此，作为教育者，既要为中学生创设一个宽松自由无压抑感的健康交往环境，尊重他们的异性交往，又要给予积极的恰当指导。要教育男生尊重女生，行动要讲究分寸，教育女生自尊、自重、自爱，使他们明确以下三点。

（1）友情和爱情的区别。

友情不等于爱情，友情可以发生在同性和异性之间；而爱情只会对异性产生。友情是针对大家的，不排斥他人；爱情则是单一的、排他的。友情是分开的，可以共同分享的；爱情则是隐蔽的、自私的。使他们认识二者的区别，有助于他们正确地分辨自己和别人的感情含义，保持一定的警觉性。

（2）避免不必要的身体接触，注意自己的外在表现。

青春期的学生正值情窦初开，在非正常情况下异性间身体各部分的接触都会产生异样的感觉，使人想入非非。

（3）求广泛，忌单一。

引导学生与异性交往时，要尽可能减少单独相处，要广泛与异性同学交往，建立起广泛的朋友关系，多参加集体活动，并在集体活动中与众多朋友保持良好关系。

总之，中学生传纸条问题是个值得研究的课题，只有做好各个方面的工作，才能有利于教育教学工作的开展。

# 主题 18　居然课堂顶撞我

学生顶撞老师，是老师最难以容忍的事情。而这样的问题在绝大多数学校里都会存在。有这类问题的学生往往意志薄弱、情感脆弱，常常躁动不安，时常摆出一副目空一切的架势，故意和老师对着干，以顶撞老师来表现自己的"能耐"。做好这类学生的教育工作，是对教师修养与智慧的检验。

## 一、教育案例

"老师，老师，教室里又打起来了，您快去看看吧。"我正在食堂吃早餐，碗里的米线还没吃到一半，班长就气喘吁吁地跑来找我。我知道肯定又是小伟带的头。放下手中的筷子，我三步并作两步冲向教室。

刚到教室门口，就听到教室里乱哄哄吵成一片，还夹杂着"打""用力打""打得好"的叫喊声。我冲进教室一把拉开小伟，大声喝道："住手！"起哄的学生被震住了，大多数孩子都退回到自己座位上。我正想把打架的两个学生带回办公室问话，没想到小伟冲着我就喊："我不是你的学生，我不要你管！"说完转身就冲出了教室。看着小伟怒气冲冲的背影，我不禁想到第一次见他的情景。

第一次接手这个班，我走进教室时，一个矮矮壮壮的男生就吸引了我的注意力。其他的学生都睁着无邪的大眼睛，好奇地打量我这个新老师，只有那个男生看起来工于心计、少年老成，非常淡漠地看着我，那眼神里分明有一种"挑衅"，他就是小伟。

后来小伟的这种表现让我不得不更加注意他了，因为他的故意顶撞常常让我心里堵得慌。有一次，我走进教室，看到地板上赫然躺着几张被揉皱了的纸团。我问谁扔的？一个男孩说是小伟扔的。我转向他，顺口问是不是他扔的？为什么不扔到门口的垃圾桶里？我话音刚落，小伟马上喊起来："是我扔的，怎么样？"还有一次，正在听写，其他学生都在低头写着，小伟还不紧不慢地玩弄着手中的圆珠笔。我走到他身边，用手敲了敲他的桌子。没想到他一抬头就瞪着眼睛冲我大声喊道："你干什么，神经病！"他的大嗓门儿吓了我一大跳。接连不断的正面"冲突"几乎成了课堂的"协奏曲"！

在学习上，他从来都是应付了事，尤其在书写方面，我只能把他写的字叫作"天书"，每次批改他的作业，就像是"考古"，很费眼力。我在他的作业本上没少写"书写不工整"这几个字，他却把我的评语作为描红的字帖，很细心地把那几个字描了一遍。我指着他描过的字责问他，可是他很大方地说："老师，您的字很潇洒，我这是在练字呢！"

在老师心中，他实在不是招人喜欢的学生。可他却特别有号召力，身边总有一群"仰慕"他的学生跟随左右。这次的打架事件，仅仅是因为同学之间一个小小的玩笑，小伟为他的哥们儿打抱不平，而那些起哄的孩子也多是他的"仰慕者"。

事情过后，小伟变得更加沉默寡言，除了他的"弟兄"外，谁的话他都不听，谁叫他都不理。我决定对这件事情"冷处理"，对他的这种行为暂时不追究，这会儿我和他说什么，他都是听不进去的。暗地里我开始多方了解小伟的情况，还找到他以前的班主任，知道小伟属于那种经常无故顶撞老师的学生。只要能引起老师对他的注意，哪怕带来的是同学的起哄、老师的惩罚，他都感到很满足。所以，他理所当然地成了班主任心中的一块"顽石"。从学生口中我知道小伟的成绩一直不理想，老师们都不喜欢他，只要他一闯祸，老师除了惩罚还是惩罚，班里的活动老师也不愿让他参加。可是小伟在男生中的威信越来越高，因为他是一个很讲义气的人。看来这个孩子的心地并不坏。要转化他，还得让他感受到老师对他的真切关怀。而我，平时对他的关怀就不够，和其他老师一样，只要他一犯错，同样也是简单说教加没商量的惩罚。何况教育好他，就等于带动了一大片，他毕竟是男生心中的"老大"。

我从其他同学口中得知，小伟家是卖鸭蛋的。我叫一个孩子带我到市场，找到了他家的鸭蛋摊，见到了小伟白发苍苍的奶奶，她正躬着腰给客人数鸭蛋。奶奶见我来了，感动地说："谢谢老师对小伟的关心！这还是老师第一次上门啊！这孩子从小就不服管教，性格倔强。父母又没文化，还要打理家里的养鸭场。这孩子让我们一家人操碎了心啊！"望着奶奶的白发，听着她颤颤巍巍的话，我心里不是感动，而是多了一份自责——我对小伟的关心太少、太晚了。

## 二、案例分析

故事中的小伟经常故意顶撞老师，这种情况在班级管理中并不罕见。这类问题的学生常常无缘无故地顶撞老师，出言不逊，遇事不会轻易认错，难以沟通。这类学生虽然只是少数，但如果不注意引导，他们对老师的敌对情绪和顶撞会越来越严重，进而影响师生关系和班级正常秩序，给班级管理工作带来阻碍和困难。同时，这类学生也会在行为规范和人格修养方面出现障碍，影响其健康人格的形成。出现问题的原因是什么呢？主要有以下几点。

### 1.家庭教育的缺失

父母是孩子的启蒙老师，良好的家庭教育对培养孩子的行为习惯起着不可代替的作用。孩子上学后，家长认为孩子既然送到了学校，不听话就是学校和老师的责任，所以从来不会主动和老师沟通，及时了解孩子的各种表现。缺少了家长的配合，也造成了老师对学生教育不力的情况。

### 2.为了引起教师的关注

由于学生的成绩不太理想，又没有很明显的长处，很难引起老师对他的注意，而这个年龄的孩子需要得到老师的关注和鼓励，因此，学生只能通过这种极端的方式来得到老师的关注，甚至不惜伤害师生之间的感情。另外，教师的"恨铁不成钢"加上"浮躁"的心理和做法反倒加剧了学生的叛逆。每一个学生都有自己的个性与特点，教师必须从其自身的特点出发，正确施教。

### 3.师生之间产生的误会

如果是学生误解了老师的好意，就会认为老师是故意为难自己，产生抵触情绪，顶撞老师会一触即发。如果是老师误解了学生的本意，老师就会做出不恰当的甚至是错误的判断，有时候言语过重，会直接伤害学生的自尊心，使学生产生一种被冤枉的感觉，十分委屈，情绪低落，甚至怨恨老师。由于中学生的自我意识很强，处理问题也不够理智，容易冲动发怒，不能忍受别人的误解，特别是不能忍受老师的误解。

### 4.老师偏爱特定的学生

有调查显示，学生最不喜欢偏心的老师。偏心是一种歧视和不公平。比如，好学生犯了错，老师一般和风细雨，耐心教诲；而问题学生犯了错，老师就会大声训斥，恶语相向。这种对学生的不同态度，会使问题学生产生严重的逆反心理和抵触情绪。他们认为老师很不公平，不尊重他们，内心很不服气，所以当老师批评他们时，他们会借机顶撞老师。

### 5.学生性格过分偏执

偏执的学生大多思想偏激、言语狂傲、情绪激动。这类学生自我意识较强，爱表现自己，喜欢出风头，脾气犟、傲慢，爱找茬儿，不把老师放在眼里，经常刁难老师，尤其爱捉弄女教师和老教师。当老师的观点和他们不一致时，这些学生就会轮番轰炸，让老师难堪，甚至下不了台。

### 6.老师冤枉了学生

很多教师都有一种不好的习惯，自以为看见了学生的缺点，不问青红皂白，不调查研究，上来就批评制止。有时无中生有，有时张冠李戴，有时主次颠倒（"主犯"逃脱，"从犯"挨批），有时甚至是非颠倒（做了好事反挨训）。解决这个问题的办法很简单，教师开口之前，先询问一下，调查一下，就可以避免很多师生冲突。可惜很多老师就是做不到，他们的借口是时间来不及，我看这个理由站不住脚。比如，一位老师因为缺乏调查研究冤枉了学生，学生不承认，师生就吵起来了，一吵就是半堂课，你能说他没有时间吗？这半堂课的时间若用来查清事实，完全够用。可见，教师不去调查研究，主要原因并不是时间不够，而是主观上缺乏科学态度。他的意思是：只要是我说的话，不管对错，你给我好好听着就是了，怎么敢顶嘴！这不是民主作风。有这种作风的老师今后会越来越多地"碰钉子"。

### 7.老师不公平

教师处理事情不能一碗水端平，胆大的学生当时就会反抗，胆小的学生不说话，但是心中有数，聚集起来，总有一天要爆发。注意，有些不公平是非常明显的，有些不公平教师自己都很难意识到的。比如，好学生答错一道题教师表示遗憾，而差生答错同样一道题，教师就会生气，这叫作习惯性不公平。教师应该经常反思各种不公平，尽量减少这些不公平对待的出现。

### 8.老师提出了学生达不到的要求

比如，教师留的作业多使多数学生夜里11点才能睡觉，这使学生非常焦虑。当然，多数人敢怒不敢言，然而也可能有敢怒敢言者，他们就会顶撞老师。教师以为这个学生捣乱，但其实他的态度代表了很多学生的态度。观察学生的表情，会很明显地看出，顶嘴者替他们说出了心里话，使他们有些快意。这种事情如果教师不加觉察，一意孤行，那是很危险的。某校一位初三的老师就发现学生毕业的时候都拒绝与她合影，集体抗议。后来一打听才知道原因，她平时留作业、罚作业太狠，超出了学生的能力范围。这位老师可能会很委屈、很寒心，我则认为，留作业考虑学生的承受能力，这是起码的科学态度。

### 9.老师讽刺、挖苦学生，伤了学生的自尊

这也是学生顶撞老师的常见原因之一。有些教师自己非常爱面子，却不给学生留一点面子，说话非常尖刻，几乎让学生无地自容。他们还自以为得计，因为这样确实可以使很多学生害怕老师。其实，这是一种语言暴力，很不文明。教师当然有权批评学生，但是不能侮辱学生人格，正像学生不可以侮辱教师的人格一样。教师应该注意，用讽刺、挖苦人的办法控制学生不是正确的方法，也不是真本领，而且早晚有一天，碰到个性强、胆子大的学生，会以其人之道，还治其人之身，那时候教师会大丢面子。有些学生背后骂老师骂得很难听，当面却装得很老实，可能就是遇到了这类老师。

不尊重学生人格，是教师素质不高的表现，也是教师思想懒惰的表现。他们遇事懒得调查研究，以为用语言暴力一压，就可以使学生就范，殊不知这只是掩盖了问题，甚至加剧了问题，并没有解决问题。

### 10.老师要请家长

经验告诉我们，有些学生你怎么批评他都能忍受，但只要一谈到"请家长"，就好像失去理智，跟老师大吵大闹。为什么？一种可能是孩子的家长是暴力型的，学校只要一请家长，家长就会不由分说地痛打孩子。对孩子来说，这是很可怕的事情，他一定要拼力改变老师的决定。而且他心里很明白，老师再厉害也不敢轻易打我，闹一闹或许能免掉回家的这顿打。另一种可能是，这是一个孝顺的孩子，非常心疼家长，在他看来，学校请家长等于往家长心上捅刀子，他当然也要拼命抵抗。还有一种可能是，家长刚刚承诺要满足他

向往已久的愿望（如买名牌自行车、买优质手机、答应带他出国旅游等），一旦教师向家长告了状，家长会以收回成命作为惩罚，他的希望必然落空。在这种情况下，让孩子保持理智是很困难的，他会急疯的。

所以我对教师的忠告是，尽量少请家长，少告状。不得已非请不可的时候，也要跟学生商量。再说，很多家长对学生（特别是中学生）已经失去控制，请来家长徒然增加学生对教师的怨恨，非明智之举。频繁请家长，是教师无能的表现。

### 11.学生提出不同意见，教师误以为是顶撞

教师讲课文，提到某种看法，学生却提出反对意见；考试卷子判分学生有异议；教师要组织某个活动，有学生不赞成；等等。学生并没有对老师无礼，只是提出了不同的看法，这属于学术问题或者技术问题，只能用研讨的办法解决，而研讨时师生是平等的。有些老师心胸狭窄，或者满脑子师道尊严，以为学生只要敢说半个"不"字，就是不尊重老师，于是抛开学术问题不谈，全力攻击学生的态度，说学生骄傲自满，个人主义，没有集体观念等。这叫作运用行政手段扣道德帽子解决学术问题，是很错误、很落后的办法。

### 12.学生心情不好，迁怒于老师

现在有些学生往往很任性，这与独生子女被娇惯有关。有了不愉快的事情就要发脾气，胆子小的向妈妈发，胆子大一点的就可能在失控的时候对老师出言不逊。古人把这叫作迁怒。如果师生之间的关系一直不错，没有什么过节，老师又没说错什么话，学生还顶撞老师，那可能就是这种情况。处理的方法是：学生发火老师不发火。可以对他说："我知道你不是冲我来的。你先冷静一下，好不好？"他平静下来就会向老师道歉。然后，教师可以教给他一些制怒的办法，以避免他下次发火。遇到这种事，教师千万不要以为学生是跟自己过不去，冲上去迎战，那就正好撞在学生枪口上了，成了自愿的出气筒。学生毕竟是孩子，出错也情有可原，但是教师为这事生气，就太不值了。

### 13.学生想压住老师，好为所欲为

这就是所谓"给老师一个下马威"。一个乱班，换了一位新老师。新老师看起来比较和气，或者比较年轻，"捣蛋鬼们"就可能故意顶撞老师，给老师好看，让老师不敢管他们，好为所欲为。遇到这种情况，教师首先要注意自己的言行，不要被学生抓住任何把柄，然后采用软硬兼施的办法，把捣乱分

子的气焰打下去或者冷却下来。至于具体怎样做，要根据具体情况，并没有公式可套。处理这种事情，最能看出班主任的应变能力。如果班主任经验较少，能力也不够强，最好不要接这样的班级。

### 14.学生想表现自己

这种学生顶撞老师主要是为了出风头、引起他人注意。你观察他的表情，如果他顶撞老师之后，脸上透出一丝得意，或者眼睛不时察看周围的反应，那可能就是这种情况。他们出风头给谁看呢？有的是给好朋友看的，意思是说："怎么样？我敢顶撞老师！"也有的是给异性看的，"早恋"状态下的学生有可能用这种方式向对方显示自己的"实力"。这种学生，你若戳穿他，一般就会有所收敛。当然，只要他不过于猖狂，最好不要当众戳穿，个别谈一谈为好，给他留点面子。这种事当众说破，小心他恼羞成怒。

### 15.和老师套近乎

说来有趣，有些同学顶撞老师正是因为他喜欢这个老师。你老不注意他，他心中恼火，于是成心和你对着干，来吸引你的眼球。鉴别这种学生的办法是，如果你发现一个学生总是注视你的一举一动，可是你看他的时候他却躲开你的目光，那可能就是这种情况。这有点类似撒娇。对这种孩子，要适当亲近，同时又保持一定的距离。

### 16.学生对教师业务水平有看法

如果学生总是挑老师的错，那很可能是对老师的教育教学水平看不上。这种孩子多数都自视甚高，或者对前任老师十分崇拜，或者有一位目空一切的家长。这种学生也不可压服，可以诚恳地向他征求意见，说得对的要采纳，说得不对的也不要迁就。平等对话是解决这种问题的最佳方案。

## 三、应对策略

如何有效地避免学生的直接顶撞？作为教师，我们又应该做些什么呢？我认为，应该做一个有人格魅力的人民教师，用自己的人格魅力感染学生。

所谓教师的人格魅力，是指教师在思想感情和个性方面所具有的非凡的品质和魅力。老师形象的好坏，直接影响到与同事、学生关系的性质、程度，为了广泛建立良好的人际关系，展示自己的人格魅力，我们要优化教学活动中的个人形象。

教师的人格魅力有什么具体的作用呢？第一是示范作用。教师是学生心中景仰的道德标杆，学生都有向老师看齐的模仿心理。学高为师，身正为范。与学生朝夕相处、教书育人的老师自然是学生模仿和学习的对象。教师光明磊落、纯洁高尚的道德对学生来说无疑具有显著的示范作用。第二是激励作用。尊重和热爱学生是教师职业道德的核心，具有人格魅力的教师无一不是信任、尊重和热爱学生的。这样的老师能赢得学生的尊重、理解、关怀。这样就会牢固树立起教师在学生心目中"精神父母"高尚而可亲的形象，学生自然会愿意接受约束，不断增强自我教育、自我修养的主动性和自觉性，从而自我发展、自我提高。

人格是教师魅力的核心，是教师对学生、事业以及态度在其言行中的反映。教师对学生的影响很大程度上是靠人格魅力实现的。因此，作为教师，要不断完善自身人格，做富有人格魅力的教师。那么，作为一名新世纪的教师，应该如何提升自己的人格魅力呢？

### 1.要有高尚的品德

要有热爱教育、献身教育的精神，不断提高个人责任感和社会责任感，将自己的生命融入人类和民族的发展进程，不断磨炼意志。教师是以育人为终极目标的，因此在开始育人的任务之前，自己就必须造就成一个值得推崇的模范。所以，身为教师应该有献身教育的精神，淡泊名利，心态平和。尤其是在纷繁复杂的社会中，从事教师这样一个辛苦清贫的职业，保持平和的心态尤为重要。

### 2.要有渊博的知识

教育家马卡连柯曾说过："学生可以原谅教师的严厉、刻板甚至吹毛求疵，但是不能原谅他们的不学无术，如果教师不能系统完善地掌握自己的专业，就不能成为一个好教师。"渊博的学识是教师人格魅力的基础。教师作为知识的重要传播者和创造者，只有不断学习，才能掌握最新学术动态；不断更新、优化自身的知识系统，才能使自己在教学和科学活动中更具优势，才能为学生的发展提供最优的精神食粮。所以，身为人师应紧跟时代步伐，进一步开阔视野、拓宽学习领域，努力让自己成为一个学识渊博、一专多能的人。

### 3.要有良好的语言表达能力

语言准确生动，清楚明白，表达得体，使学生愿听并能引起共鸣，此时的语言就具有感染力和说服力。常可以看到这样的现象：同样是学富五车、满腹经纶的教师，有的在课堂上旁征博引、深入浅出、循循善诱，课堂气氛生动活泼，师生之间能产生良好的互动；有的却言辞干瘪、词不达意，课堂气氛单调沉闷，学生纷纷逃课。因而，"学会说话"是教师塑造人格魅力的重要内容。

### 4.要有诚挚博大的爱心

一个要让学生真正喜欢的教师，必须要有诚挚博大的无私爱心，如慈母般的用真挚丰富的情感去感染、教育学生。一个教师是否赢得学生的信任和爱戴，主要看他是否真正地去关心爱护学生。具有诚挚博大的无私爱心，是教师具有人格魅力的前提。因此作为教师，必须平等地善待每一个学生，不能因为学习成绩的好坏与家庭背景的不同高看或歧视某些学生，心中要容得下性格脾气各不相同、兴趣爱好互有差异的学生。不仅要做学生的良师，还要做学生的知心朋友；不仅要关注学生的学业成绩，更要关心学生的思想品德与行为习惯，把学生的喜怒哀乐放在心间。

### 5.要对学生有足够的信任和宽容

在课堂上不能一味地灌输，包办代替，要把学习的主动权交给学生，让学生在探索之中享受成功。要作学生的指导者和引路人，不要把学生看作知识的容器和考试的机器，应相信学生的能力并想方设法锻炼提高学生的能力。在人品上要给学生充分的信任，哪怕学生有过失，也要相信其有改正过失重新开始的能力。不能光看学生的现在，更应关注学生的将来，利用现在为学生将来的发展打基础。既要做学生现在的引路人，也要做学生未来发展的设计师。

### 6.要保持积极乐观的心态

要从容面对教育工作中的一切困难和挫折。教育工作是复杂的，对于每一位教师来说，不可能一帆风顺，难免会遇到挫折和失败，这就需要具备成熟的心理，正确的挫折观，积极的自我暗示，良好的情绪调控能力，以及合理的情绪发泄方式。一个情绪不稳定的教师很容易扰乱学生的情绪，只有善于控制和掌握学生的情绪、情感，才能为成功的教育创造健康的环境。

### 7.要维护自身形象

一个人风度翩翩、俊逸潇洒，能产生无限吸引力和魅力；不修边幅、肮脏邋遢的人是不会吸引学生太多注意的。衣着服饰能反映一个人的审美情趣和修养，如果一个人的服饰能与自己的气质、职业一致，与自己的形体、年龄协调，与当时的气氛、场合相符，那将使他更潇洒和精神，更能赢得学生的尊重和喜爱。

### 8.要有一颗"平常心"

用"平常心"对待一切事物，做到"不以物喜，不以己悲"；要接纳他人，以诚待人，建立良好的人际关系；要扬长避短，培养自己良好的个性；要热爱教育工作，为提高工作质量不断提高自己；要期望适度，步步落实目标，不断体会成功的快乐，增强自信心；要培养多种兴趣与爱好，陶冶情操，提升思想境界。

在今后的教学实践中，要避免急躁，保持平和的心态。教育应该是"一朵云去推动另一朵云，一棵树去撼动另一棵树，一个灵魂去触动另一个灵魂"。我们不断学习，不断总结积累经验，不断反思，以独特的人格魅力、个人修养和教育智慧，播撒出一片片绿洲，让教学绽放流光溢彩！

# 专题四

## 家校关系为什么紧张

家校关系脆弱，最终伤害的是孩子，破坏的是教育生态。要形成学校教育和家庭教育影响的一致性，创建良好的家校关系是一个重要前提。避免家校矛盾影响孩子健康成长、扭曲教育生态，亟须理顺家校关系。

# 主题 19　如何走进学生的世界

当教师苦，当班主任更苦，这是不言而喻的。但苦中的无穷快乐，乐中的无穷趣味，却不是每一位班主任都能体会得到的。明代学者章溢早就说过："乐与苦，相为倚伏者也，人知乐之为乐，而不知苦之为乐。"

常听到一些班主任抱怨："我整天都围着学生转，从催促早读到检查卫生，还要找人谈心……忙死了！"是的，如此披星戴月，的确比一般科任老师辛苦，但这何尝不是班主任特有的幸福呢？与学生朝夕相伴之际，师生感情就更为深厚；与学生促膝谈心之时，师生心灵便更加贴近了。

## 一、教育案例

小爱是一个漂亮的小姑娘，本是广东人，也不知怎么回事，三岁时，小爱就从广东回来，从此寄居在舅舅家中。和每一个寄人篱下的孩子一样，不管舅舅舅妈对她如何好，她总是抱着怀疑的态度，轻则恶言相向，重则摔门砸东西，和兄弟姐妹经常闹得水火不容，还经常对奶奶说舅舅舅妈的坏话。舅舅舅妈心力交瘁，只得让她读寄宿学校，从此这重担就压在了我的身上。

刚开学不久，女寝室长就向我反映，小爱在看一些不健康的书籍。昨晚我收了她的书，竟然是一些爱情方面的，例如：《如何测试一个男孩儿是否喜欢你》《如何吸引男孩子的注意》等。书上面写着她的名字，很显然是她买的书。一个十一岁的孩子，怎么会有这种想法？她的脑海中到底在想什么？一波未平，一波又起，今天又有人告状，小爱嘴巴不干净，经常说些无根据的、伤人的话，某某喜欢上谁啦、某某写情书啦。当着小明的面说小成的坏话，又当小成的面说小明的坏话，等等，同学们对她敢怒不敢言。一人走了，另一人又来了，说她不爱劳动，分配给她的事总是不能按时完成，还经常发脾气。昨天她没完成任务，大家说了她几句，她竟然把垃圾桶一摔，弄得垃圾满地都是，然后甩手走了。

对于她的事，我了解甚多，同时也苦口婆心地劝过她，但效果不理想。

她个性倔强，疑心极重，虽然她整天嘻嘻哈哈、一副满不在乎的样子，其实心思挺重的。对于这样一个学生，普通的说教已然起不到任何作用，我得抓时机。

一天中午，她一个人无聊地在水龙头下摆弄着水，任那水从指缝中流过，见我走来，连忙甩去手上的水滴，水溅到水泥地上，不一会儿便干了。我打量了她一会儿，然后问她："这一滴一滴的水怎么就不见啦？""被太阳烤干了吧。"她低着头回答。"但如果这水在小溪里呢？"她一愣，不知我葫芦里卖什么药。我接着说："如果水珠还在小溪里，就不会干，它会跑到小河、跑到大江、跑到大海里，会看到沿途许多美丽的风景。而你就是这'小水珠'呀！离开了亲人，离开了朋友，离开了文化知识，你就是孤单单的一个人，就是一个失去灵魂的人，是会迅速干枯的。"她似有所悟地点点头。然后我接着说："老师希望你不做那掉在水泥地上的小水珠，而做那汇入大海的小水珠，学好知识，进入文化之河，妥善地处理好同学朋友亲人间的关系。这样你就能看到更多的人生风景。"她点点头，微笑着走了。

有段时间不知怎么回事，同学们竟然迷上了电视剧《绿光森林》，每天来了之后，第一件事就是讨论《绿光森林》的剧情。见小爱也在边上，我便走过去问："你们最喜欢其中哪一个女主角？""苏菲。"同学们异口同声地回答。"为什么喜欢她？""因为她很善良，什么事都为别人着想。"一个女孩子说。"哦，那你们喜欢苏珊吗？""不喜欢，她自私自利，什么都想抢。"这些孩子，是非观念挺强的。我点点头，微笑着说："其实我也挺讨厌她的，但也同情她。虽然苏菲的父母特别关心她，可哪比得上自己的父母呢。所以她从小就有一个念头，她想比别人更出色，想比别人拥有更多。因为这样，她伤害她身边每一个爱她、关心她的人，这是环境所造成的。在整个剧情中，我看得出她生活得非常痛苦。"同学们听得入了神，都忍不住点点头。"她到什么时候才幡然醒悟你们知道吗？""在得知苏菲得病之后。""是啊！到这时候，她才知道，原来所做的一切都是那么的荒唐，等到失去的时候才觉得异常珍贵，是不是迟了点儿呢。"我摸着小爱的头，接着说："同学们，你们能相聚在一起，是一种莫大的缘分，现在已经是六年级了，转眼就要各奔东西。珍惜身边的一切吧。互相关心，互相帮助，别为小事斤斤计较，伤了同学间的和气。你们能做到吗？""能。"教室里响起了一片欢腾，欢腾声中我也听到了小爱的声音。

后来小爱的变化真的很大，对家人、对同学、对老师，她都能以礼相待，学习态度也更好了。因为我经常会参加一些学生活动，他们也把我当成了最好的朋友，有什么心里话总会对我说。脸上长痘痘、今天遇到了一件高兴或烦恼的事、某某说话不文明、谁进了网吧……大事小事，不用去问，我都会了如指掌。从中我也了解到学生的思想动态，有的放矢地进行教育。老师只有放下姿态，平等地对待每一个学生，才能受到学生的尊重。也只有平等对待学生，才能真正走进学生的心灵。

### 二、案例分析

教师，一个光辉的职业，被社会各界誉为"塑造人类灵魂的工程师"。但在学生的心目中，教师是高高在上的人物，是让人敬而生畏的。每一位学生都渴望教师能放下架子，坦诚、平等地走进自己的心灵，成为可以倾诉的朋友。唯有如此，才能让学生们更自觉地认同老师，并接受教导。

教书育人是一门艺术，教师要具有渊博的学识和教书育人的能力，才能在教学中游刃有余，才能灵活处理和协调跟学生以及同事的关系，创造出融洽、和谐的工作氛围。它需要老师具有出众的口语表达能力和交际能力，能用语言的魅力去感染学生；需要有足够的临场应变能力，能引导学生从各个方面去思考问题。而这样的教师必须是学识渊博、充满激情、充满理想、充满活力的人。随着科学技术的迅猛发展，社会对教师的要求也越来越高，所以需要不断地学习，不断地更新观念，这样才能跟得上时代的步伐，才有足够的能力处理学生中的一些问题，才有足够的能力让学生乐意接受教师的教育和培养。也只有这样，教师才会真正走进学生的心里。

教育是爱的艺术，是心与心的认同，是心与心的升华，是心与心的沟通。教育家夏丏尊先生认为"教育不能没有情感，没有爱……没有感情，没有爱，也就没有教育"。马卡连柯说："教师的心应该充满对每个他要打交道孩子的爱，即使这孩子的品质已经非常败坏，即使他可以给教师带来许多不愉快的事情，教师都要以自己美好的感情去教育他。"这都说明教育需要爱，只有爱，教师才能真正走入学生心灵。

要想走进学生的内心世界就得热爱学生。热爱学生是形成教育事业和教育艺术的基础。作为教师，首先应该把教育当作一种事业，而不是事情。事业和事情，差之毫厘，失之千里，两者在时间、空间和性质上，都不相同。一件事情，如果你只把它当作一件事，它就只是一件事，做完就脱手；如果把它当作一项事业，你就会设计它的未来，把每一步当作一个连续的过程。

把教育当作事业去做，你就会付出自己的精力和心血，会创造性地开展工作，会热爱自己的教育事业，热爱自己的每一个学生，会自觉加大工作的力度和情感投入。

教师是塑造学生心灵的工程师，教师的工作是对学生身心起到一种有目的、有计划的引导、感化作用。而"感人心者莫先乎情"。对爱抚情感的渴求是每一个青少年学生的心理需要，教师只有把爱的情感投射到学生的心田，才能真正走进学生的内心世界，得到良好的教育效果。一个对学生冷漠无情的人，是根本无法走进学生的内心世界的，更谈不上教育。没有爱，就没有真正的教育管理；没有爱，就不能掌握成功教育的管理方法。只有真正的爱生之情，才能走进学生的内心世界，才能掌握成功的教育管理方法。

### 三、应对策略

苏霍姆林斯基说："培养人，首先就要了解他的心灵，看到并感觉到他的个人世界。"是呀！没有心与心的沟通，就没有爱滋润学生的心田，学生心灵中的种子就会干枯，就不会发芽、茁壮成长。那么教师怎样做才能走进学生的内心世界呢？

#### 1.关爱学生，用心去交流

爱就是教育，教育就是爱。教育不能没有感情，因为没有爱的教育就如同池塘里没有水一样，不能称其为池塘。所以没有情感、没有爱，也就没有教育。有位教育家说过："你的教鞭下有瓦特，你的讥笑中有牛顿，你的冷眼中有爱迪生。"我们对待每一个学生，只有用爱去开启他们心灵的窗户，才能真正走进他们的内心世界，他们才会觉得自己的人格受到尊重。

没有爱的教育是不可想象的，爱是学生接受教育的前提。教师对学生怀有爱心，学生才会"亲其师、信其道"，才能自觉愉快地接受老师的教诲。"亲师"是"信道"的前提。"亲"的程度越深，师生心理距离就越近，交流的渠道就会越畅通，心理疏导工作就越容易取得成果。

#### 2.平等对待学生，尊重学生人格

教师教育的对象是人。由于遗传、环境和教育的影响不同，学生的身心发展存在着个别差异，例如，身体素质、发育情况、认知能力、意识倾向、兴趣爱好以及他们的才能等，都各不相同。教师应注意学生个别差异，做到因材施教，使每个学生在原有基础上得到生动、活泼、主动的发展。

人格被认为是心理学中最复杂的问题之一。人格对一个人的成长与发展

具有重要作用和影响。多种调查研究证明，成功者和失败者之间最大差异不是智力上的差异，而是非智力方面的差异，其中人格因素起着重要作用。儿童和少年是社会主义建设者的后备力量，为使他们适应社会的发展变化，必须培养他们健全的人格。

教师应当尊重学生的人格，还要尊重每个学生的特点，不能有侮辱学生人格尊严的行为，尤其是对那些品学有缺陷的学生更要关心爱护，深入细致地做好后进学生的转化工作，使他们健康成长，绝对不能采取简单粗暴的办法。教师要经常与他们谈心，晓之以理，动之以情，尊重他们，使学生感受到教师强烈的责任心和良苦用心，并向教师吐露自己的真心话，约束自己的行为。

### 3. "软""硬"兼施，巧治学生心病

所谓"软""硬"兼施，即"耐心"与"严厉"相结合。"耐心"一直被教育工作者奉为"法宝"，在具体工作中教师也都努力去将它付诸实践，而"严厉"往往被视为"粗暴"的别称。因此，许多老师把"耐心"与"严厉"尖锐地对立起来，认为水火不相容。其实，他们完全可以有机地结合起来，并且可以巧妙地根治学生的心病。笔者曾用"耐心开导—严厉批评—耐心开导"的方法排除了我班一名学生非常严重的心理障碍。

### 4.用宽容去呵护学生的心灵

人非圣贤，孰能无过？尤其是成长中的学生，正待培养造就，更不可能没有过错。对于犯了错误的学生，重要的不是找缺点，而是发现优点，期待其转化。面对一丛玫瑰，你看到的是花下的刺，还是刺上的花？面对一个学生，你是拿着显微镜去找缺点，还是拿着放大镜去发现优点？记得有位作家说过，一次偶然蹲下来与孩子看风景，意外发现在孩子的视野里，这世界是多么不同。这个发现对作家的启发很大，使之改变了与孩子相处的态度和方式。

学生犯了错误，教师给予批评是应该的，但教师的批评要合情合理，学生才易接受。教育家马卡连柯说过："不能克制自己的人，就是一台被损坏的机器。"作为老师，尤其是班主任，面对一些突发性事件，面对学生的过失，切忌使用简单、粗暴、冲动的"热处理"，而应持克制、忍让、宽容的态度，以理智控制自己的言行。

### 5.用微笑去叩击学生的心灵

心理学家乌申斯基说过："儿童憎恨的教师是在任何时候也不能从他那里

得到表扬和承认事情做得好的那些教师。"因此，我想对所有的教师说："不要吝啬你的微笑，把对学生的喜爱流露出来，把表扬和激励送给学生，让学生成为舞台的主角，在热情与希望中闪亮登场，茁壮成长。"

经验告诉我们，任何一个孩子在心灵深处都渴望自己的见解、观点能得到别人的认同，其中教师的赞扬更是他们最想得到的。赞扬是照进孩子心灵的阳光，一次表扬鼓励的效果胜过一百次甚至一千次的批评指责。恰当的鼓励会使孩子在相当一段时间里保持乐观和自信，甚至影响其一生。

学生的心总是纯净的、美好的、易受感动的。对他们付出真心就会收获真心，得到他们的理解、认可和信任。他们会愿意把班级的事、自己的事、同学的事甚至家里的事都向你诉说。每个学生都是一个世界，作为班主任，我试着走进他们的世界，分享他们的快乐，陪伴他们的成长，做个幸福的班主任。

# 主题 20　我的"沟通"遇尴尬

家庭访问是进行个别家庭教育指导的一种常用的有效方式，简称家访。主要是解决儿童、青少年中个别家庭教育问题。学校的教师和干部到学生家庭访问，一般是与家长沟通情况，交流感情，密切关系，商讨共同教育儿童、青少年的方式方法。这种指导方法比较灵活，便于施行，而且现场指导比较具体，更具有针对性。

家访，表面上是教师向家长反馈学生在校成长、学习的琐事，实质上则是学校教育的延伸，是教师教育责任的延续，是教师教育行为的另一种实践。

## 一、教育案例

昨天，我从四年级班主任李老师这里听说了一件尴尬事。上周，她给全班家长发了一条短信，大意是说她打算趁着周末进行一次家访，想跟老师面谈的家长可以直接回复短信并预约时间。可一个小时过去了，班里 40 名学生，只有两位学生家长有回复。"后来我又陆续收到几条信息，但也只约到了 9 位学生家长。"李老师说。

这显然不是李老师的人气问题。这位有着十几年从教经验的老师，学生缘一向很好，也被家长普遍认可，哪怕毕业多年的学生，路上遇见了都会主动打招呼。可这次家访的预约率只有 22.5%，唯一的解释，就是有些家长并不希望老师来家访。

关于家访，学校没有硬性规定。不过，她一直坚持家访，以前是直接发家访通知给家长，今年暑假头一回用预约方式确定家访名单。

结果出乎她的意料。"客观上讲，我上学期访过 20 户家庭，本学期家访的重点是另 20 户，短信里也表达了这个意思，所以原本估计的预约率就只有50%。可没想到，这 50% 里竟然还有大半不愿意。"李老师有点小郁闷。

在约定的 9 户人家当中，有两三户还是上学期已家访过的家庭。这几位爸妈超级热情，不仅回复了预约短信，又专门电话邀请李老师，想多点机会跟老师面对面交流。这样算下来，今年全班至今未接受老师家访的家庭，有近三分之一。

李老师留意到，躲避家访的家庭中，有相当一部分孩子学习成绩欠佳，"应该是怕我会聊起这个，跟他们吐槽吧"。但实际上，孩子的在校表现仅仅是老师家访的一小部分内容。上周末，李芳按原定计划走访了 9 户家庭，主要内容是与家长探讨孩子的教育问题，劝他们别只顾成绩，也要关注孩子的心理感受，多多陪伴孩子。

李老师觉得，小学生的学习成绩受学习习惯影响较大，和父母的言传身教有密切关系。成绩欠佳的孩子，有相当一部分是因为父母疏于管教。这些爸妈平时就不管孩子，就更不要说搭理老师了。

李老师之前就遇到过类似的例子，班里有个学生学习习惯不好，成绩糟糕，她想找家长当面沟通，一起帮孩子纠正坏习惯。可孩子的爸妈只顾打麻将、做生意，始终避而不见，电话也懒得接。

在李老师看来，学困生家长之所以躲避老师，有些是没信心，有些是懒得管。但这也并不意味着学优生家长就特别欢迎家访。她简单统计了一下，相对学困生家长，学优生家长对待家访确实积极一些，但最踊跃的还要数中游偏上的学生家长，他们希望能在老师指点下，孩子能更进一步。

其实，除了学生的成绩外，影响家长对家访态度的因素还有许多。一位老师透露，现在多数学校提倡老师每学年能至少全员家访一次，但没有硬性规定。除非是新入园或者新入学，学校才会要求班主任利用暑假期间把所有学生家访一遍。这其中一个重要原因，就是有的家长不欢迎家访，甚至拒绝家访。

## 二、案例分析

大多数家长都希望老师能来家里坐一坐，面对面、平等地交流孩子的学习、生活状况。老师理解学生是教好书的前提条件，而对学生的了解，不仅局限于学生在学校里的表现，还包括学生的社会化表现。家庭是学生最真实的港湾，而家访是了解学生最有效的途径。

家庭对学生的影响是巨大的，是学生与社会的桥梁，是个人成长的重要场所。家庭对孩子的影响是潜移默化的，也是学校教育的重要补充和延伸。

随着社会发展进步，相当多的家长对孩子的关注程度已远远超过教师，教育意识也日渐成熟，他们有时等不及老师家访，转而主动联系老师，到学校来探访教师。

所以，老师与学生家庭沟通已成为必不可少的一项任务，成为学校教育工作的一个重要组成部分。大量的实践证明，学校教育与家庭教育密切配合，学生的发展就比较顺利；如果老师尤其是班主任善于与家长沟通，学生的身心就会健康发展，学习成绩也会明显进步。

"碰过壁"的老师认为，家长拒绝家访的原因是多方面的。

部分家长有以下认识误区。

误区1：认为现在通信手段如此发达，老师没有必要上门家访。

误区2：认为现在社会都讲究个人隐私，老师到家里多少有些尴尬，尤其是闹离婚、再婚或是单亲家长不想让教师知道自己家中的状况，常常以"没有时间"推托。

误区3：认为自己会教育孩子，不需要老师的帮助。

误区4：准备把孩子送出国，不指望国内学校对孩子的学习有什么帮助。

下面举几个案例说明一下。

案例1：家长是私营企业高管，准备送孩子出国，认为国内教育给孩子的压力太大，舍不得孩子在国内学习为分数而吃苦。家长明确地对老师讲，不要严格要求孩子，犯点小错误（如不交作业、迟到等）请老师包涵。

案例2：家长是私营企业高管，让女儿生活得很时尚，比如打扮方面，香水、饰物、高跟鞋、唇膏等配置很齐全，每周带孩子在专业美发店洗头，给孩子及时更换新款苹果手机。这样的孩子学习不可能专心，而且因打扮有别于其他同学，导致被其他同学孤立，老师为此与家长交流，家长觉得女孩子应当如此。

案例3：家长是公务员，不乐意接老师的电话，即使能与老师说几句话，也马上以很忙为由，匆匆结束。孩子性格孤僻，三年高中生活似乎没有融入班集体，学习成绩自然不好。家长自己在外面给孩子报培优班，由于对外面培训机构和老师不太了解，结果不理想。

案例4：家长是公务员，比较溺爱孩子。孩子经常犯错，家长始终持袒护的态度，而且是当着孩子的面说谎袒护孩子，以减轻孩子的"罪过"。每次事后与家长沟通，家长说怕学校处罚孩子，担心孩子心里留下永久的阴影和伤痕。学校领导和教师都告知家长，学校会把握分寸，顾及孩子的心理承受能力的，处理或处分都是为了教育孩子，引领孩子健康成长。但家长就是听不进去。

案例5：家长忙生意，从不接受老师家访，即便是电话约谈都很简短，孩子对老师又比较"防范"，心里的门只开一点点，所以老师对她的引导就很难深入。

案例6：学生几天不上学，打电话家长说孩子病了。几天后，孩子来学校了，情绪极其不好，学习状态变得很差。在与学生细谈后，才知道爸妈闹离婚。老师告知家长，大人这样的事最好不要呈现在孩子面前，家长应该把这样的事及时告知老师或班主任，便于老师及时引导孩子，在孩子思想上做个"防护墙"。

考虑到家长的这些心态，加上现在通信手段越来越发达，如今越来越多老师与家长的交流，索性采用其他形式——电话、微信等，或改在其他地点，像办公室等。但是对于特殊学生，老师一致认为，家访有时候还是很有必要的，建议家长积极配合。

## 三、应对策略

家访这一传统形式，使学生成长的范围由原来彼此相对独立、封闭的家庭和学校，连通为家校一体的大范围，无形中将家长纳入其中，使其成为学校教育的坚固后盾。

### 1.引领家长认识到家访的意义

（1）进一步了解和掌握学生的性格、特长、学习和表现，对学生的教育会更有针对性。

在家访中，教师也能真实地了解学生在家中生活、成长的情况，这是学校生活中无法涉及的方面，有利于教师在以后的教育中依据学生的实际改善教学方法，真正达到因材施教，特别是对于"问题学生"，有利于发现他们的闪光点，更有利于找到施教的切入点。

（2）老师和家长在对孩子教育上进行沟通交流，方便老师对家长教育孩子的方式提出看法并给予指导，有利于帮助家长树立一种正确的教育观，有利于提高和完善老师自己的教育观点。

（3）赢得家长对老师的尊重，取得家长对教育的支持。

正如物理学中"力"的分析方法，学校教育与家庭教育对学生的影响是由一个支点发出的两个分力，两种分力所形成的角度就决定了合力的大小，这个角度就是学校教育与家庭教育、教师与家长形成的某种关系。学校教育与家庭教育的方向越趋一致、教师与家长的关系越趋融洽时，所形成的合力就越强大，即对受教育者的正向影响就越大。

（4）当着家长的面肯定学生的优点可以给家长以信心，其对孩子的关注势必更多，可以给孩子以自信促其积极进取。当着家长的面指出学生的不足，可以给学生一种必须改正缺点的责任感和使命感。

（5）学生看到老师来看自己，会感觉老师心中装着自己，这对学生来讲是一种莫大的鼓励。

（6）家长可以对老师的教育教学提出合理的建议，有助于老师改进自己的工作，提高工作实效。

### 2.家访给家庭带来很多收益

其实，家长积极配合学校、配合老师，与老师建议良好的关系，好处多多，或者说能给家庭带来很多收益。

（1）成长收益。

家长与老师建立朋友关系，孩子会更亲近老师，喜欢与老师"玩"，会与老师天南地北地聊天。在这种师生交往中，学生开阔了视野，从老师那学到了看问题的角度和境界，从而有助于提升自己看问题的立场和思想境界。实践证明，这类孩子一般会变得阳光、开朗、大气。在高校自主招生中，这类学生往往很容易过"面试关"，因为这类学生的沟通能力比较强。

（2）分数收益。

由于与老师更亲近，更易得到老师的关照，这类学生学习的目的更明确，学习积极性更高，思想"出轨"的可能性更小，即使思想开了小差，他们也会选择和老师交流，在老师的帮助下，会主动回到正常学习轨道上来。由于亲近老师，他们会更喜欢老师所教的课程，学习效率会更高，学习进步会更快。因为兴趣是最好的老师。

（3）经济收益。

从高中阶段的学习看，这类学生因学习状态好，会毫无顾忌地随时缠着老师问问题，可以不到外面上家教课，为家里节省了一笔培优费。从高考看，因为考了好大学，学费比差的大学便宜。而且，上了好大学，同学层次高，学风好校风好，孩子乱花钱的机会少些。从好大学毕业，工作也好找些，未来的收入和社会地位会更好。

（4）家庭收益。

孩子因亲近老师，学习劲头足，成绩提高快，家长开心，家庭和睦，家人做其他事都会有良好的状态，正所谓家和万事兴。同时，孩子学习进步，家长在亲朋好友和同事中也很有面子。

### 3.引领家长从孩子的表现中看自己的教育方式

如果您的孩子喜欢谴责别人，是因为平时您对他批评过多。

如果您的孩子凡事喜欢抱怨，是因为您总是挑剔他。

如果您的孩子喜欢对抗，是因为您对他有敌意和强制。

如果您的孩子不够善良，是因为您是一个缺少同情心的人。

如果您的孩子胆小、羞怯，是因为您经常嘲弄、辱骂他。

如果您的孩子不辨是非，是因为您专制，没有给孩子自主和思考的机会。

如果您的孩子很自卑，是因为您对孩子总是失望，不能耐心鼓励。

如果您的孩子嫉妒、敏感、怕受伤，是因为您的家庭没有宽容和温暖。

如果您的孩子不喜欢自己，是因为您对他缺少接纳、认可和尊重。

如果您的孩子不上进、不努力，是因为您对他要求过高他做不到。

如果您的孩子很自私，是因为您对他过于溺爱。

如果您的孩子不懂父母的苦心，是因为您没有教会他理解别人。

如果您的孩子退缩、逃避，是因为遭到了您的轻视和打击。

如果您的孩子懒惰和依赖，是因为您替孩子做的事和决定太多了。

如果您被孩子控制了，是因为您不敢严厉管教，总是哀求孩子。

　　如果您的孩子撒谎、骗人，是因为您不够宽容，喜欢惩罚孩子。

　　如果您的孩子冷漠、攻击他人，是因为您对他的讽刺和冷眼太多。

　　如果您的孩子有暴力行为，是因为您常用暴力来处理孩子的问题。

　　如果您的孩子意志不坚定，惧怕困难，是因为您没有给他锻炼的机会。

　　大量家庭教育失败的事例说明，家长对科学教育方法缺少了解，年轻班主任在工作中应该注意收集科学的教育方法，成为"家教"的专家，在与家长沟通时能够及时提供必要的教育方法，针对学生特点，帮助家长解开疙瘩，指点教育迷津，最终形成教育合力，实现教育目标。

# 主题 21　辍学的学生怎么办

　　学生辍学会产生什么后果呢？社会是个万花筒，年龄太小步入社会，由于各种社会知识及文化知识不完善，容易造成对个人的伤害。学生辍学之后，很难找到好的工作，常常和社会上游手好闲之徒混在一起，近朱者赤，近墨者黑。这些心智发育还不成熟的辍学学生就是造成社会不稳定的定时炸弹，对社会危害很大。

## 一、教育案例

　　他叫于周，是班里我认识的第一个学生。有两件事直接影响了他的高中生涯。

　　第一件事发生在高一开学的第一天。

　　那天报到结束后，我组织学生排位。由于都还互不熟悉，同学们表现得非常配合，老老实实地在教室外面排队。只有一个长得虎头虎脑的男生，跳来跳去，扯扯这个、挠挠那个，刚刚排好的队伍里不时传出一阵阵哄笑。我忍无可忍，一个箭步过去拽住他的脖领，把他拉到讲桌边，对他说："以后，你就坐在这里，和老师平起平坐。"他一拧脖子说："老师，俺不!"说完，猛地挣脱我的手，想往后跑。我反应迅速，一把薅住他的后衣领，把他摁在了讲桌一侧的凳子上。当时，我就想：有这么个活宝，这下班里可热闹了。然而，接下来的事，却让我始料未及。

于周成了班里学习最用功、上课最活跃的学生。老师的教学经常被他打断，以便讲得更详细一些。班里入学成绩第一的同学，下了课，还在认真地做题，以便在他问问题的时候不出丑。于是我趁机在班会上点名表扬了他，并在批评几个成绩好但不用功的学生时也提到了他。班里掀起了学习于周的热潮，人人都抢讲桌旁本是惩罚的座位。很多任课老师问我："于周是我们班的尖子生吗?"我摇摇头无奈地说："他入学成绩差录取线 300 分。"从此，于周的表现更好了，他不仅课上问问题，课下也跑到办公室，一待就是几十分钟。

第二件事，是在开学三个月后。接连两次测验，他的得分都没有超过总分的三分之一。他在走廊里拉住我说："老师，我还会学好吗?"我拍着他的肩膀说："一次两次说明不了问题，我相信你肯定能进步。"

然而，于周旷课了。我来到他家，跟他谈理想，谈未来，谈他最喜爱的篮球。美好的集体生活，又勾起他对学校的向往。他答应回到他那同学们都争抢的座位。

但他这次回来后彻底蔫了，甚至在我的课上呼呼大睡，还公然反抗我的教育。我把他叫到办公室，他仍然态度强硬，用充满怨愤的双眼和我对视。我怒从中来，挥起拳头冲他打去，我的拳头停在半空，然而他已经躲开了。那一刻，我知道我们之间的信任崩塌了。

他又回家了，他父母和我对他做了很多工作，但无济于事。后来，他再也不见我了。

一周过去了，他终于打来了电话，说他在干安装，他知道自己不是学习的料，以前不知道学习时，还能在学校里混下去，后来想学了，才知道自己这么差。周围都是前几名的同学，自己天天生活在极度的自卑中，没有一点尊严，他说："同学们那么热情地帮助我，可我没有什么回报的，我把家里好吃的都拿出来和他们分享，可仍然摆脱不了深深的愧疚。我再也待不下去了，每天都感觉在一点点走向崩溃。我不能再浪费父母的血汗钱了，我要挣钱。"

他宁愿每天蹬三轮跑几十里路拉菜，也不愿意回到学校。

我一直在想：如果不是我唤起了他学习的欲望，如果不是我冲他挥起了拳头，他现在或许还会和其他调皮的学生一样，坐在教室里听我讲课。而他以前坐的座位，还是同学们争抢的座位。

## 二、案例分析

全国每年辍学学生人数近60万，造成学生辍学的原因是多方面的。

### 1.家庭的原因

家庭是孩子的第一生存环境，家庭环境的优劣和家庭主要成员素质的高低，对孩子的影响至关重要。调查数据显示，中学生辍学有36.25%的因素是由家庭原因造成的。有的父母亲对孩子的期望值过高，孩子感觉压力太大，对学习产生畏惧，加上又是成长的叛逆期，父母的责骂更加重了孩子的逆反心理；家长文化底蕴不足，就学意识差，他们以自己的经历对待孩子的成长，因而对孩子的期望值不高，一看到孩子升学无望或成不了什么"家"，就放任自流，抱着"早工作、早赚钱、早抱孙"的想法。有的父母离异，有的父母忙于工作，有的家庭经常吵嘴打架，有的父母本身没有表率作用，导致孩子处于无人管教的状态，久而久之，假期外出游荡，逍遥快活，想到学校学习的辛苦，继而辍学。

### 2.社会的原因

社会上有些游戏厅和网吧纵容未成年学生游戏和上网，甚至通宵达旦。游戏充满了暴力或色情，心智发育还不健全的中学生经不住诱惑，不承想就上瘾了，以至于很难扭转过来，渐渐对学习失去兴趣，厌学，直至辍学。"有钱就是王""读书无用论"在社会上逐渐左右了一批人的思想，导致学生认为没文化无所谓，只要能赚钱就很好。

### 3.学生自身的原因

有些学生性格孤僻，做事偏执，一遇到挫折，就丧失信心。有的学生被家长过分溺爱，养成了好吃懒做、不想吃苦、意志薄弱的性格。有些学生看到同龄人外出打工回来后，名牌衣服身上穿，名牌手机随身带，名牌烟卷嘴里叼，百元钞票袋里装，就羡慕得不得了，再看看自己，是什么也没有，还要起早贪黑地学习，还要忍受父母的唠叨、老师的管理、学校纪律的约束，就产生了打工的念头，很快就付诸行动了。

### 4.学校教育的原因

学生课业负担太重，学习成绩差，课外活动单调；老师在课堂上教学方法陈旧呆板，学生无学习兴趣，听一节枯燥而又单调的课，又怎是一个"熬"字了得！我经常参加各种各样的培训，有校长培训，有国家培训，有许多教育方面的专家给我们上课，他们经过精心的准备，给我们上了一道精妙的文化大餐。但难免也有我们不感兴趣的课程，作为校长、作为成年的我们坐在教室里，有很舒适的环境、有空调、有好的桌椅等，尽管如此，也是一个"熬"字啊！难免拿出手机玩一玩、看一看，这是多无奈的一件事。还有一些教师只看重优等学生的反应，忽视中等学生和差生表现，这种不公正的待遇也致使一些学生由厌恶老师到厌恶学习，再慢慢地发展到辍学。另外有些老师教育方法简单粗暴，对待犯错的学生不是耐心细致而是讽刺挖苦，伤害了他们的自信心和自尊心，使学生产生抵抗心理，继而讨厌老师和学校，导致辍学。还有一个很重要的原因是学校教师远远不够，并且良莠不齐，老师课务繁重，班上学生人数太多，老师管不过来，无法有针对性地因材施教。

### 三、应对策略

如何减少甚至杜绝学生辍学现象？辍学原因有多个方面，从学校方面可以采取以下措施。

#### 1.更新教育观念，改变教育方法

教师眼睛不能总盯着学生的成绩，要面向全体，以关注学生幸福、关爱学生成长为重点，以此促进学生努力学习、天天进步；要开展各种丰富多彩的课外活动，为学生提供施展自己特长的机会，如开展书法比赛、唱歌比赛，举办校运动会，庆新年文艺晚会，拔河比赛，小制作评比，诗歌朗诵，演讲比赛等，以此激发学生学习的兴趣，培养他们的自信，锻炼他们的意志；开展青春期心理健康教育，帮助他们从成长的烦恼中解脱出来，转移他们的不良情绪和想法。

#### 2.树立典型，正面引导

对于孩子在学习和生活中偶犯的小错，不能过分强调，应正面引导。比如，有个孩子总是上课睡觉，老师批评他上课爱睡觉，叫他懒鬼、睡觉大王等，久而久之，这个孩子心里便根植了这个信号：我很懒，我上课睡觉，那就是坏学生。正面引导学生就是把正能量的思想留在他的脑子里，如果总是强调错误、负面的东西加深他错误的习惯，反而使其越陷越深，错误越来越多，产生厌学直至辍学的想法。

### 3.改变教师的课堂教学方法

以前对教师的专业要求很低，教师习惯了填鸭式的上课方法，只要把专业知识和课本知识弄清就行了，不管方法好不好，学生是否喜欢听、能否听懂。这种呆板的教学方式使相当多的学生厌学，对上课失去兴趣，所以要改变教师的教学方法，要注重学生的学与练，要给予学困生更多的关爱，多夸学生努力、勤奋、争分夺秒学习的精神。

### 4.利用小组合作

培养小"老师"即小组长，带领小组督促检查，这样既能让少部分学生脱颖而出，又让其他学生有解惑的更有效途径，排除学生问老师的胆怯心理，合作（小组）也更利于学生小组之间的互相竞争、互相督促，生教生可以弥补课堂教学的空档，使一部分学困生赶上来，而且可以及时发现学生的情绪变化，把学生辍学的想法控制在萌芽状态。

### 5.加强教师责任心

激发教师的职业兴趣，尽可能预防教师职业倦怠的出现。教师有了责任心，就会关爱学生，就会去努力改变自己不受欢迎的教学模式，认真备课，努力提升自己的专业素养。教师只有爱自己的岗位，才能面向全体，关注每位学生。拥有一支有高度责任心的教师队伍，辍学的学生还会多吗？

### 6.学校定期开展关于辍学方面的主题班会

让学生准备好素材，分析辍学的害处，自己如何预防辍学的情况发生。定期邀请本校毕业的校友回母校座谈，通过这些榜样，引领学生树立远大的理想。也可以定期联系在外打过工的本校初中毕业生来校为学生介绍打工情况，这些打工者都是过来人，他们的现身说法，让学生们感触很深，有的说原以为外面是一帆风顺的，谁知还有那么多的坎坷不平！也有的说幸好没出去，要不后悔也晚了。学生们明白了辍学打工的艰辛，对辍学打工的热情就会降低不少。

### 7.做好家长的思想工作

教师通过家访，了解学生在家里的表现以及家里的经济状况，把学生在校的情况及时与家长沟通，以便有针对性地帮助教育学生。定期召开家长会，和家长一起分享教育孩子的经验和教训，让家长也参与学校的管理工作，共同做好学生的思想工作，使学生在家里能有人沟通，温馨快乐，在学校有事干，积极进取。

# 主题 22　困在网吧的学生

网络已成为人们生活中不可或缺的内容，特别对青少年有着巨大的吸引力，在校中学生沉迷网络不能自拔，荒废学业，甚至引发网络犯罪的现象屡见不鲜。"网毒猛于虎"，越来越多"问题学生"的根源在于迷恋网络，曾几何时的"武侠小说热""言情小说热""追星热"开始沉寂，取而代之的是经久不衰、愈演愈烈的"网络狂热"，网络问题已成为学校教育教学管理中一个普遍而突出的问题。

## 一、教育案例

小弈是一名高二男生，从初中开始接触电脑，平时爱打网络游戏，以去网吧为主。进入高中后玩上了瘾，一发不可收拾。就这样，这个从小在父母眼中的"乖孩子"一碰电脑，就沉浸在网络游戏之中，一旦离开了网络游戏，会变得焦虑不安，时刻想着去上网。

针对小弈的这种现象，心理老师联合家长、班主任，共同制定了对小弈的辅导方法。

在家里，家长在生活中要给小弈一个宽松的环境，决不能在小弈面前出现任何让他觉得自己不再被信任的眼神和话语。要适当的选择时机和小弈加强交流，多听听小弈的心里话，只有多交流才能更加彼此了解。日常生活中对小弈偷偷上网事件要给予谅解，有条件最好能尽量多花时间陪小弈，组织一些家庭亲子活动。多给予鼓励，少打骂。

在学校，老师在课外活动中应尽量多安排一些有益的体育活动，帮助他形成固定的业余爱好，组织各类球赛，安排小弈积极参加，使他体验到现实生活其实比网络更丰富多彩，而且有事可做，成绩逐步提高，进一步增进他的成就感，让他的兴趣迁移到学习中来。

在学习中，让小弈多体验学习的快乐。针对小弈觉得学习是一件枯燥无味的事，首先要帮助他把拉下的功课赶上去，班主任和各任课教师要多关心他的学习，帮助他在学习上查漏补缺，不要操之过急。经常找他谈谈心，多了解他在学习上的困难，及时给予解决。

因为小弈对信息技术这门课有特别浓厚的兴趣，班主任要给小弈创造更多的学习机会，让小弈的爱好和兴趣有一个展示的空间，可以利用兴趣小组、研究性学习来丰富小弈的学习机会，通过学习信息技术来缓解他不玩网络游戏产生的焦虑。

经过一段时间的心理咨询和治疗，小弈基本上可以控制自己不去上网，但要彻底打消上网念头，还需要一段时间巩固。不过，通过研究性学习，小弈自学掌握了较多的计算机操作技能，并为班级建立了一个漂亮的网站。学习上的劲头也不错，学习成绩也在稳步上升。

## 二、案例分析

沉迷于网络，是现代许多学生的一个共同问题。但是学生们为什么会沉迷于网络，这个心理原因我们却必须得弄清楚。

### 1.家长缺乏对电脑功能的了解，更不熟悉操作和使用

电脑本来是无辜的，网络游戏也无罪，可是在众多迷恋网络游戏的孩子身上，家长感受到的却是沉重的心理压力，甚至是恐慌。其实这并不难理解，作为家长，对电脑的操作和使用缺乏足够的知识，又无力去引导孩子使用电脑，也只好望而兴叹了。

### 2.家长没有正确的应用电脑和使用网络观念

几乎所有的家长在谈到电脑时，都会不约而同地用一个词"玩儿电脑"，大家想一下，当我们用一个错误的概念来面对一种工具时，错误的概念会不会错误地引导着孩子对电脑的理解和认识呢？"玩物丧志"我想这个道理每个家长都心知肚明，可是有没有想过，自己恰是制造"玩物"的根源呢？当把一种有着丰富功能的工具，单纯定义为游戏工具时，在孩子的心理自然产生了深刻的印象——电脑是用来玩儿的。有心细的家长可能会发现，我从来不说"玩儿游戏"之类的话，究其原因就在于，我不想给孩子幼小的心灵里打下烙印，让孩子受到错误概念的影响。可是尽管我多次纠正家长对电脑的称呼，仍然无法改变他们那种根深蒂固的意识。

### 3.家长没有起到榜样作用

孩子对工具的认识和使用，最初都是模仿着大人来进行的，这就需要长

树立良好的榜样，展示给孩子一个使用电脑和网络的积极正面的形象。可是，看看我们很多家长，他们做得如何呢？经常会有很多家长在孩子小一点儿的时候当着孩子的面去玩游戏，有时甚至是玩儿带有刺激和暴力倾向的游戏。大家都知道，我们在孩子习惯的培养过程中，要帮助孩子制订各种规则，但是往往是把规则单纯制订给孩子，而家长却落得了个"法外开恩"，这种"只许州官放火，不许百姓点灯"的不平等规则，能让孩子心服口服吗？在我接触的很多能够正确教育和引导孩子使用电脑和网络游戏的家长中，他们无一不是孩子良好的榜样和楷模。

### 三、应对策略

近年来随着网络的普及，互联网给现代人的生活、学习、工作带来了无与伦比的便捷，极大地提高了人们生活质量，更是丰富了人与人之间的交流方式。上网，是潮流、是时尚，但对中学生而言，是一把双刃剑，各种负面影响让不少老师、家长敬而远之，也正是这些影响，才出现了禁止未成年人进入网吧的规定，但在农村及城乡接合部的一些黑网吧屡禁不止。我们不得不重新审视网络双刃剑的作用，既是我们加强青少年教育的良好机遇，也是我们必须面对的严峻挑战。作为学校德育工作的主要执行者和贯彻者，我们该怎么做呢？

根据不健康上网给中学生带来的危害及中学生身心发展特点，禁止不是好办法，引导才是关键。那么如何正确引导学生上网呢？这是一个摆在教师、家长面前的难题。我们应从以下几个方面来引导学生健康上网。

#### 1.利用班会课、团队活动课开展"文明上网"系列教育活动

如举办"争做网络文明人"签名宣誓活动、"中学生上网利弊"辩论活动、"中学生文明上网"讨论活动等。通过这一系列教育活动，培养青少年的健康人格，使学生在数字化、虚拟化网络中，没人监督也能够谨慎独立，增加自我约束能力，提高审视、识别有害信息的能力。网络对人类的影响主流是积极的，但同时也存在一些负面影响，因此要想方设法消除负面影响从而使其积极一面提高学生的学习效率和生活质量。

#### 2.培养学生良好的网络意识，正确对待网络问题

网络技术已经渗透到学生学习与生活的每一个角落，随处都可以看到网络的存在，网络已经成为学生学习知识、交流思想、休闲娱乐的重要平台。老师在教学教育过程中要增强学生对网络信息的识别能力，提高其对负面信

息的鉴别能力和自我防护意识，培养其良好的网络意识，正确引导学生对网上的人际交往采取正确的态度，充分利用网络扩大学生的知识范围，开阔学生视野，引导学生在网络中及时捕捉对自己有用的信息。建议他们把网络与所学的科学文化知识联系在一起，这样有利于提高学生在网络时代的竞争力和生存能力。班主任还应该帮助学生树立正确的世界观、人生观、价值观，树立远大理想。

学校和家长不应阻止学生上网，而要引导学生正确认识和利用网络，对那些依赖网络的学生，不能放任自流，班主任和家长应鼓励其合理规划自己的人生，并创造机会让网络成为学生的良师益友。班主任更应加强学习，不时为学生介绍一些绿色网站。班主任不仅要有扎实的专业知识，其他方面知识也应渊博。网络技术作为一门新的学科，也应优先掌握，才能对学生有良好的指导作用。时常为学生介绍教育类网站，为学生们提供丰富教育教学资源平台。利用绿色网站上健康精彩内容吸引青少年的眼球，占领中学生的思想前沿阵地。

### 3.加强管理，严肃纪律

对违规进入"网吧"，在网上有违法和不良行为的学生要加强教育，及时与家长联系沟通，共同做好耐心细致的辅导教育工作，并组成同学互助组，积极引导他们参加学校丰富多彩的文化娱乐活动。研究表明：体育运动不仅改变生理机能，增强体质，使人注意力集中、精神饱满，同时促进学生精神健康，培养高尚的道德观念和坚强的意志品质。对那些多次教育仍未改过的学生要给予纪律处分，并做好他们的特别档案，同时通过多渠道教育和引导学生，促进其健康成长。

作为教师应抓住机遇，主动出击，按照"积极发展，加强管理，趋利避害，为我所用"的要求，坚持严格管理与积极引导相结合原则，采取有力措施教育引导中学生健康上网，自觉抵制不良网吧和有害信息对青少年学生的危害。

# 主题 23　打个电话就生气

家访是班主任工作的重要组成部分，是实现家庭教育与学校教育良性互动的一种有效途径。在信息技术迅速发展的今天，通过电话进行家访成为一种快速、简捷的沟通方式。

## 一、教育案例

上学期，刚接过一个班级，班里有一个特别调皮的男生，一开始想方设法与我作对，上课没个正形，写字龙飞凤舞。见这情形，我弯下腰，用只有他能听见的声音温和地说：孩子，把字写工整，你会很优秀的，我相信你会把字写好的。他眼睛都不瞄我一下，嘴角微微噘起，然后每个字就像铁锤打出来似的："我是故意的，怎么着？"当时，把我气得全身差点瘫软在地上。班里安静极了，空气仿佛凝固了，我定了定神，正想开口，班里一个学生说："孟老师，别理他，他是在挑战你的耐心，他就这德行。"又有一个学生说："孟老师，他经常把老师气哭的。"

我没理会孩子会把我气哭，也没理会孩子故意向我挑战，我就静静地站在他边上，轻声说："我不是跟你为敌，是跟你交朋友。"一听我这话，没想到，他居然爆发了："朋友，朋友有个屁用，能代替爸妈吗？"我心里咯噔一下，问："孩子，你爸爸妈妈呢？他们在哪里？"全班孩子七嘴八舌地说开了，有的说他没爸爸妈妈，有的说他的爸妈在国外，有的说从来没有见过他爸妈来学校接他……他听了，更是号啕大哭，过了好久，他一边抽泣一边说："爸妈在外地，已经有很长时间没见面了，电话几乎打不通，通了也总是说同样的几句话——要听老师的话，要听舅舅舅妈的话。"说完，又哭了，哭得没法喘气的那种。

我看着眼前的这个男生，心都快碎了，到办公室取了热毛巾，拧干水，把他满脸的泪水擦干净。然后，把他抱在怀里，拍着他那骨瘦如柴的背脊，说："来，不哭了，孟老师抱着你，给你爸妈打个电话吧。"

接过孩子递给我的电话，电话的那头传来孩子母亲的声音，听得出他母亲开始哽咽了。到了最后，他母亲说："我们出来打工也是为了提高孩子的生活质量，给孩子创造优越的生活环境。希望老师尽心照顾好孩子。"我还想要再说两句，电话那头就传来了"嘟嘟"的挂机声。听着"嘟嘟"的电话声，看着无助的学生，我不知道，家长忙忙碌碌到底是为了什么。

## 二、案例分析

家庭教育能够为孩子将来的发展打下良好的基础。在孩子进入社会前，父母一定要特别重视孩子的身心健康。父母与孩子的沟通联系，是孩子智力和人格发展不可或缺的因素。家庭教育对孩子的积极影响，有助于孩子形成温和谦逊的性格。良好的家庭教育，是优化孩子心灵的催化剂。好的家庭关系和氛围，能够培养孩子积极乐观的心理品质，让孩子积极应对未来可能遇到的问题。

案例中的母亲出去打工也是为了提高孩子的生活质量，给孩子创造一个优越的生活环境。家长也有自己的苦衷，可是孩子的成长更需要家长的关爱与呵护。留守儿童一般逆反心理严重。就像案例中的孩子，特别逆反，爱与人对着干，即使老师的话也不肯听，常喜欢闹对立。他们缺乏安全感，对周围的一切充满了怀疑，喜欢戴着有色眼镜看世界。他们拒人于千里之外，对人与人之间的关系更是充满不信任，这种潜意识中的不信任导致了他们的逆反行为，常表现为"不听话""不礼貌""不谦虚""恶作剧"等。留守儿童总感到别人在欺负他，一点小事就计较当真，与人交流时充满警惕甚至敌意，对老师、监护人、亲友的管教和批评产生较强的逆反心理。这些行为使人们感到他们难以教育和管束。

类似的案例很多，下面举出的个案颇具普遍性，值得读者参考。

### 1.歉疚型家长：老师你多费费心吧

小爱这个女生我非常喜欢。她沉静、细腻、很听话。最吸引人的是她浑然一体的忧郁气质，不是少女那种可爱的、幼稚的忧郁，而是从内到外的渗透。每一个女人读过她那些思念母亲的作文，都恨不得变成一只老母鸡，张开翅膀为她遮挡十二岁的焦虑、思念、委屈、无助……

忽然有一天，她妈妈来电话了。竟然是一个长途电话，从外地打来。我刚夸了小姑娘两句，妈妈就号啕大哭，哭声里充满着一个母亲的所有无奈和歉疚。小姑娘七岁时，妈妈就出去打工，五年了，从来没有回过家……

她抽泣着断断续续地说："老师……您多费费心吧……费费心……吧……"（但我还是猜对了这句核心的话）

对不起，这段文字竟然用了这么多的省略号，因为它凝聚了我太多的纠结。虽然我不能理解一个母亲要下多大的决心才能抛下幼子外出挣钱，但我尊重她歉疚的眼泪，因为每一个成年人，都有无奈的痛处。

### 2.后台型家长：老师你多费费心吧

小北这个男生的家庭作业让我痛惜，凭借教师的力量，无力挽留住一个孩子成长的正能量。

刚通了电话，家长马上扔出"杀手锏"——"老师，他爸跟你们校长是同学，他爸本来就准备下午找你们校长聊聊呢！"

我说："放心吧，校内我们一定多关照他，但他的作业，我们实在督促不了，你看你能不能抽点儿时间过问一下？"

"你们校长也真喜欢这个孩子的，老师你就多费费心吧！"

我无言以对。校长的同学，我应该怎样费心照顾你的孩子？

### 3.忙碌型家长：老师你多费费心吧

小成的家长是个体老板。我对个体老板，非常尊重，我的好几个亲人，都是小老板，他们从辛苦睡小床板起家，一直熬到了小老板的身份，充满了艰辛、智慧甚至传奇。

每个教师，都觉得"老板家长"是一个比较特殊的家长群体。说到孩子的学习，他们的口头禅常常是"我那阵儿没读过书，不也照样挣钱吗"？

我说："小成近来进步很大，您能不能晚上抽点儿时间表扬他一下？"

学生爸爸说："老师啊，我和她妈都太忙了，你多费费心吧！"

有时，接电话的是学生妈妈："老师啊，其实我管了，每天晚上我都问他作业做完了没，他每次都说做完了，我每天都叮嘱他认真点儿做作业……老师啊，俺俩都太忙了，你多费费心吧。"

这是一个甩手掌柜型的爸和只知瞎唠叨型的妈，对于孩子的教育，没有实质性的督促，只限于口头说你要如何。

对于这样的家长，我更不敢打"告状性"的电话，要么是不理不睬，要么是无关痛痒的几句话，要么是对孩子一顿暴揍，失去了家访电话的意义。

我常常想，为什么"富不过二代"的现象这么严重？单单把原因归结到"富二代"身上，就连我们这些大人都觉得过意不去。"富一代"的原因，至少要占六成。

我对那些从来不需要打家访电话的家长，表示深深的敬佩！因为这些学生，往往比较优秀，是最让教师省心的一个群体。即使偶尔以 QQ 方式聊聊天，也是轻松的、愉快的。同时知道了，这些孩子，为什么优秀。

公平来讲，学校就像一个成长的比赛场，教师为每一个孩子都提供了公平的跑道，但为什么并不是所有的孩子都能跑得远呢？

因为家庭为孩子提供了不一样的起跑线和不同的教育环境。他们的终点，也因此不同。

所以在很大程度上，不是学生决定自己的未来，不是学校决定学生的未来，而是家庭决定了学生的未来。

### 三、应对策略

电话家访是班主任工作的重要组成部分，需要靠语言来交流，那么电话家访应该讲究哪些技巧呢？

#### 1.进行电话家访前要做好访谈准备

首先要了解家长的"第一手资料"，尤其要记准家长的姓名、年龄、职业以及家庭基本情况。其次要明确此次电话访谈的目的，通过访谈要达到什么效果。其次应对电话访谈的过程进行设计，列出访谈的内容提纲，做到心里清楚。

#### 2.进行电话家访要注重电话访谈礼节

通话时态度要诚恳亲切，绝不可用"居高临下""盛气凌人"的姿态对待家长。尽量不要在嘈杂的环境中打电话，以免引起对方不悦。由于不是面对面的交谈，对方的情绪和表情都看不到，而且家长教育子女心切，对老师的话一般都很在意，因此打电话时的语气语调就显得尤其重要，老师应尽可能用平静的心态、平和的语调把家访的内容告诉家长，与家长进行探讨，尽可能让家长感受到老师对孩子的关心。

#### 3.进行电话家访要把握电话访谈时机

最好是选择学生不在父母身边的时候进行，以免让学生陷入尴尬的境地或不安甚至恐慌的情绪中。要尽量选择家长下班以后的时间，让家长有充足的时间和平静的心态跟老师交流。家长总是很希望及时了解学生在校的学习状况和在校表现，老师切忌让家长觉得"家访就是告状"，当学生取得好成绩时，要及时将喜讯告知家长，让家长与孩子共同分享成功的喜悦，鼓励孩子继续努力。在交谈时应充分肯定家长付出的辛劳，鼓励其更积极主动地做好家庭教育工作。当学生出现成绩滑坡或其他问题时，要及时与家长联系，使其知晓实情，同家长一起分析存在问题的根源，寻求解决问题的有效办法。

### 4.进行电话家访要掌握电话访谈要领

电话拨通后，班主任首先应报出自己的身份和姓名，然后要对家长进行恰当得体的称呼，消除家长的紧张情绪。谈话中，要善于运用赞赏的语言，对学生多表扬、少责备。如果学生存在不足，教师就应委婉地指出，找准切入点，尽可能营造出一种和谐的交谈氛围；谈话内容要简洁明了，言简意赅，尽量缩短通话时间；通话结束时，应向家长致谢。

### 5.进行电话家访要接受并反馈电话访谈信息

由于电话访谈只闻其声，不见其人，因此教师要注意聆听家长反馈的信息，以便了解学生在家的情况和家长的态度，及时调整自己的工作思路。如果家长对孩子有沮丧、失望的心情，班主任要设身处地帮助家长分析问题的症结所在，要善于发掘孩子的闪光点，点燃家长的希望之火，要向家长传播先进的教育理念，指导其调整自己的教育方式，用科学的方法教育孩子。

要正确对待家长的反馈意见，当家长对学校或某个教师不满时，班主任要认真地查找原因，做好沟通工作。特别是当家长用隐性语言表示对老师的某些做法不满时，老师要用宽阔的胸怀接纳对待，勇于承认不足，及时改进工作方法。

# 主题 24　不可理喻的家长

越来越多的教师感叹，现在的教育越来越难做了。家长对孩子百般疼爱，使越来越多的孩子不能正视自己，以自我为中心，少了对自己的正视与思考。

学生出现问题，找来家长也是对子女不痛不痒地说几句，甚至还和老师一个劲儿地夸自己的孩子好，面对这样的现象，教师们也有许多无奈。

## 一、教育案例

我踏上讲台的那一年，正赶上减负运动，新的教育理念、教育思想不断地在各种杂志中出现，有不少的方法我都尝试着用过。几年下来，我的收获颇丰，大家对我的评价都还不错。

我有一个自己的看家本领，就是和家长、学生进行纸条沟通。有时学生学习或者品德出现问题，没有时间当面教育，我就在作业本中夹张纸条或直接写在本子上告诉他；为了便于家长了解孩子，我也会给家长写张纸条，并且我的小纸条只有相应的学生家长和我知道，是相对保密的。另外，我的小纸条也对领导保密，我不想让别人以为我这是功利心，因为我只是为了孩子。可是上周五的一件事，让我决定以后不能写纸条了。

周五的下午，我帮着几个班主任到校长那里交医疗表，正兴冲冲地回办公室，走到办公室门口，被一对中年夫妇拦住了去路。来人说自己是我班的学生家长，有些事想和我沟通一下。我一听是学生家长很高兴，不过心里也在纳闷：刚开完家长会，为什么不在开家长会时说呢？

来人把我写给她孩子的纸条拿了出来，问这张纸条是不是我的评语？我一看是的，因为这个孩子平时比较自闭，对身边的事都不闻不问，对同学也不冷不热，对老师的教育劝导也不太上心，尽管学习还可以，可是小学生身上的朝气表现得不足，尤其是有几次这孩子和我之间发生了点事。既然老师的教育效果不大，我就套用了公益广告里的一句话，"父母是孩子最好的老师"，然后希望家长能帮助孩子培养人生素养。

家长就问我孩子哪里出了问题，我就把孩子在校和老师同学的一些事说给家长听，结果家长脸红脖子粗地反驳我："孩子自私（这是家长的总结词）不是品德问题，现在的孩子都自私，不自私就不对了。孩子撒谎不是孩子的错，是忘记了，没什么大不了的。"然后就开始指责我的语法逻辑有问题，父母不是最好的老师，而是第一任老师。我告诉他这只是我的理解，不是要作为真理。我心里就想：第一任老师也不对，有些孩子的第一任老师就不是父母。可是家长依旧不依不饶，又说我在班上说他的孩子是差等生。天地良心，差等生这个词早就退出历史舞台了，我更不可能在开家长会的时候说。我把我的家长会发言稿拿给他看，可是家长一把拍在桌子上，说："我怎么知道这是不是当时的稿子。"

最后没办法，我只好把我们的数学老师找来，我暂时回避了。如果我继续和他们交谈下去，我不知道家长还会怎么样？

出了办公室，我去班上上课，一阵春风袭来，我感觉阵阵寒意，这冷来自心里，没想到我的一时好心竟然被别人看成了"毒药"，我只是想和家长、学生相互了解，并没有恶意，我只是希望每一个孩子能够越来越优秀，我只是想做到一个老师教书育人的职责……

是不是我老老实实地讲课，然后上传下达布置工作就可以了，不用对学生太用心？

## 二、案例分析

每个家庭教养子女的方式各不相同，父母的教养方式在潜移默化中影响着孩子的性格行为。一些家长对孩子过分容忍，使孩子成为爱怎么闹就怎么闹的小皇帝、小公主。这样的家长往往叹息"培养孩子真不容易"，殊不知，自己在教育孩子上也存在问题。

家庭是孩子成长的第一环境，家长是他们的第一任老师。父母对孩子的身心健康发展负有不可推卸的责任，对于家庭中的各种影响，孩子往往不加取舍地接受。家长的思想和行为无时无刻不影响着孩子，家长良好的行为能促进孩子良好品德的建立，家长不适当的行为则影响着孩子良好品德的形成。

在家庭教育中，过分容忍孩子的父母，对待孩子的态度是"捧在手里怕摔了，含在嘴里怕化了"，对孩子的干涉过多，这也不许去那也不许做，束缚了孩子的思想，限制孩子的活动，所以孩子往往表现怯懦，生活能力和学习能力都很差，对事物缺乏兴趣，反应迟钝。还有的家长对孩子溺爱，孩子做了错事，家长无动于衷，从不追究，甚至还纵容、袒护。

心理学家认为：孩子如果从小受到宠爱，家长对他的要求百依百顺，最终可能会造成对彼此的伤害。因为家长总有满足不了孩子愿望的时候，对于已经形成惯性思维的孩子来说，稍有拒绝会让他产生心理落差，进而想通过自己和他人的努力来实现自己的愿望。这时一旦孩子的愿望实现不了，就可能会采取一些极端的手段。

孩子的可塑性是非常强的，有毛病是可以纠正的，但是如果得不到及时的教育与引导，那么他就会越走越远，那时再纠正就很难了。

### 三、应对策略

家长群体是个复杂的集合体，不同学习经历、不同职业背景、不同生活阅历、不同性格习惯使得他们对教育的认识、对孩子的教养方式各有不同，与教师的沟通方式也各有特点。

教师面对这些不同性格特质的家长，更需要调整心态、多设身处地去考虑家长的一些特殊言行背后的情感和情绪因素，巧妙、积极地给予正面回应，宽容大度，不斤斤计较，换位思考，以心换心，靠真诚与个人人格魅力赢得家长的尊重与信任。

#### 1.保持"空杯心态"，把握好沟通递进层次

与家长沟通，切忌简单地就事论事。一般而言，家长提出的问题、罗列的现象自有一定道理，交流中教师需要学会保持"空杯心态"，即开始不要带任何偏见也不急于亮出观点，认真倾听家长的话，倾听本身就是良好沟通的重要方式之一。在倾听的过程中，梳理思路，找到家长深层需求和目的，再做针对性交流。当家长提出一些问题时，教师要把握住时机，表达出对家长所提问题的看法，然后邀请家长一起对此做深入交流，为后续针对性交流做好情感铺垫。

#### 2.理性分析，引导家长全面、辩证地看待问题

深层交流的前提是双方感受到对方对自己观点的认同与接纳。因此当家长说出自己的看法或者做出某些行为时，教师首先要表现出对他们态度的理解，在此基础上，选择时机以协商的口吻亮出自己的观点。

此时一定要让交流发挥积极作用而不让双方产生不必要的误会。问题提出来，家长也会站在教师角度考虑，然后权衡利弊做出相应的选择。

#### 3.虚心聆听，守住底线、用人格魅力捍卫尊严

家长一般不会无理取闹，他们对班级管理或教师教学提出异议时，一定是有缘由的。教师需要敞开心扉、虚心请教并聆听家长的观点，对于积极的建设性意见要及时肯定并积极采纳，不能固执己见，更不能故步自封。俗话说"开言通肺腑"，家长也会在与教师沟通中感受到教师的教育观、能力和水平。

从人际交往心理上讲，谁都愿意与有思想、有主见的人深入交流，而家长更希望自己孩子的老师是一位博学多识、有思想的人。因此，教师只有加

强学习，不断提高自己的学识水平，靠着自己的人格魅力赢得家长的尊重。教师只有视野开阔，有自己的教育观以及为人处世的原则，方能得到家长发自内心的认可，当对家长的观点和做法不"认同"时，一定要用充分的依据去印证个人观点，用合适的方式传递并坚持自己的教育观。

# 专题五

## 我的教育为什么失败

学校教育本身不是教育的终极目的，也不是终极手段，学校教育本身的现实意义是为社会、为人类发展提供一种形式和平台，只是一个有效的载体和路径。促进人与自然、人与社会、人与人的和谐是学校真实的生命力所在。

# 主题 25 调座引发的风波

合理的座位安排对学生意义重大，它不仅能使学生对教室产生"家"的积极体验，而且也是构筑良好师生关系、营造优良学习氛围、促进学生身心健康成长、利于班级良性循环发展的重要环节。然而，教育者往往由于对学生座位编排的复杂性缺乏全面认识，导致教学过程进行不畅。研究发现，安排座位并不是一个简单的规则或公平的问题，关键是教育者要理解座位对每个学生的意义，然后机智地做出合理的安排。

## 一、教育案例

一段时间以来，我们班的座位并没有引起太多同学的异议，毕竟按照高低个儿排过之后，又将全班分成了前四排、后四排两部分，每排每天都进行轮换；全班四个大组，每两周进行一次推磨式的轮换，这样既照顾到了身高，又能够预防长期坐在某一位置可能导致的某些问题。

说起这场风波，导火索在于桌椅的损坏在期末的这一段时间达到了高潮。我原本的考虑是希望同学们能够珍惜自己桌椅，不承想却引发了好多同学要求换座位的风波。为平息风波，我考虑了好久终于决定调整一次座位——毕竟现在的座位已经有两个月没有进行调整了。当我下定决心进行调整之后，问题又来了——有人满意，有人抗议。为了让大家都把自己的想法说出来，我把日记本交给大家，希望大家都能够表达自己观点。

我们班有七个同学明确表示调整之后就要适应自己的同桌及周围环境，有十四个同学明确表示不满意现在所调整过的座位，希望能够考虑他们的意见，调整回原座位或者再做调整，而多达四十个同学交过来的日记本是空白的，也就是说他们调整或者不调整都无所谓。

下面我们就来看看这立场分明的两种观点的代表吧。第一篇是王薇然的日记，她直言自己是非常幸运的，所以她是非常满意的那一类：今天是我的幸运日，因为终于把我和许博调开了。事情是这样的：今天上午第三节课，王老师突然说要调座位，这消息轰动了我们整个班。有人高兴得手舞足蹈，也有人愁眉苦脸得一动不动，真是有人欢喜有人忧啊！我的座位由第四大组变成了第二大组，同桌变成了杨仕茂，前面是曹绅，后面是马思远，都还是挺不错的。可调完座位后，又有人不同意了，还写了一张协议书，要求回到原位。我觉得还是不要再调了，王老师说过调座位是很不容易的，调好了又要调回去，不是白白浪费时间和精力吗？我们应该站在王老师的立场上想一想，调位之前，大家都想调位，现在调好了，却又不满意，这不是瞎折腾吗？王老师已经很辛苦了，我们应该理解他，还是别再回去了。大家都让一步，事情就没那么复杂了。

接下来看一篇李诗雨的日记，与王薇然的观点相反的是，她明确希望再调整或者回归原位，究竟有什么理由呢？申请书：不满意，我要换座位！对于今天换座位的事情，我非常不满意。不是不想换座位，是我想坐到第四大组，想和孟佳祺换位置，但老师您不同意。为什么您又同意了吴爽的调位申请？对于这件事，我气愤不已。对于换座位同不同意，我算是中立态度。我不想换回到原来的座位，也不喜欢现在的位置。我想要的就是坐到第四大组，就这一个小小的请求。要不给孟佳祺换位，要不我坐到第四大组。老师，我在这里向您保证，绝对不会和孟佳祺在上课时说话。要不您就答应我的请求让我换座位？不管是和孟佳祺换也好，还是坐在她旁边也好，我都会非常满意。也请老师您理解一下我的心情，我是真心不想坐在第一大组，您就迁就我这一次，同意了吧！对于那些换了座位不想换回去的，我对他们真是无语。特别是吴爽，他有了一个好同桌——吴尚澎，有作业抄，谁不懂她的心思啊！但吴尚澎好像不太愿意。换同桌也要两个人都愿意才行，要不就回到老师调的座位。你们也太自私，不知道我们的心思。你们有好同桌，前后有好朋友，但我没有，你们想过我的感受没有，你们真够自私的。再说了，老师，我的座位压根就没有换，还是以前的位置。这对我来说真不公平，所以我想去第四大组。下午，我们不同意的人都签了字，给老师提出申请回原位置，我自然也签了。回原位我是中立，不能去第四大组的话，我还是想回原位，虽然我是一千个不想和杨仕茂坐同桌。但比起现在的位置，我还是比较喜欢以前的。也请老师您考虑我的申请，为什么吴爽的同意了？老师您不是说可以帮帮同桌吗？吴尚澎和吴爽学习都挺好，还用帮助？算了，不说这个了，换都换了。还是说我的吧！既然吴爽的申请您都同意了，也请老师您同意我的申请吧。自我感觉坐第四大组是非常合适的，不管我坐哪儿，我都可以保证绝对不会让我的学习退步。老师，看在我今天日记写了这么多的份儿上，也看在我今天已经为此哭了两次的份儿上，您就同意吧！我恳求您了！

## 二、案例分析

偌大的教室里，桌椅该怎么排放呢？怎样的排座模式才能提高学习效率呢？按身高？按学号？按成绩？还是有其他标准？科学、合理地为学生编排座位，可以有效地调动学生参加各种活动的积极性，也让老师们的工作事半功倍。所以，这座位排列大有讲究。一些常见的"座位编排"标准包括以下几种。

### 1.按学生的身高编排

按学生身高的高矮编排座位，是我们教学中常用的一种方法。在一个小组中，将不同高矮的学生搭配适当，让个矮的学生排在前面，个高的学生排在后面，这是我们必须考虑和做到的一点，并且时常给学生灌输这样的思想：我是大个子要照顾小个子，我应该在后面。坦白而言，这种思想方便排座，也教育学生要懂得谦让。

### 2.按学生的个性特点编排

学生的性格、气质以及个性千差万别，如果把性子较急、爱动的学生排在一起，每天的相处中难免会产生摩擦。学生年龄小，不懂得怎样处理好同伴之间的关系，容易发生争执，甚至出现打架现象。如果把精力不集中、常说话、搞小动作的学生排在一组，这样就等于又给这些孩子提供了乱动的机会，从而影响到教学和活动效果。

同时，教师在编排座位时，还要考虑到身心或生理有缺陷的学生，要让这些"特殊"学生在座位编排上感受到心理上的尊重。所以，依据学生的个性特点编排座位，是为了给全班学生创造健康、和谐的学习和生长环境。

### 3.按学生平时的表现编排

在给学生排座时，要全面了解学生平时活动中的表现情况，充分考虑到学生的动手能力、学习能力和态度、语言表达能力等，以保证小组间实力的"势均力敌"。这样的编排，小组与小组间的悬殊不是很大，有利于各小组间开展各方面的竞赛，调动全体学生参与集体活动或分组活动的积极性。同时，小组内学习能力、动手能力有区别、有差异的学生相互搭配，可以调动优带差的教育资源，在小组内形成互帮互助的良好气氛，以达到最终全体学生共同进步的目标。

### 三、应对策略

怎样给学生排座位才是科学的、合理的，有利于学生健康成长的呢？教师"编排座位"可以遵循以下基本原则。

#### 1.民主平等，以公平之心对待每个学生

既要创造条件让成绩优异的学生脱颖而出，又要创造条件让全体同学都得到发展。要保证每个学生都有同等的机会参与课堂教学活动，在安排座位时，要保持公正之心，要以全体学生为本，公平地对待每一位学生，杜绝搞关系座、人情座，不得以学生考试成绩编排座位，不得歧视学习状况、行为习惯等方面有问题的学生；要以学生身高为主要依据，结合学生个性特点、性别因素、视听状况等综合考量，对一般近视的学生要指导家长为学生佩戴合适的眼镜，对高个子学生挡住矮个子学生视线的问题可通过调换高矮凳的办法解决；要体现人文关怀，充分关爱自卑、自闭、多动症等特殊性格以及身体病残等其他特殊情况的学生，不放弃任何一位学生。

#### 2.班级统筹，照顾到每一个学生的需求

可以成立由班主任、科任教师、3~5名家长委员会成员等构成的学生座位编排工作领导小组（以下简称"领导小组"），增强工作的透明度和开放度。班级编排学生座位时，可以邀请科任教师、家长代表（按学号随机抽取）等人员共同参与。了解具体情况、具体分析、区别对待。排座位要考虑到个子高矮、高度近视、身体有病残等问题。同时要灵活应变，如有的学生视力不好，但适当靠后坐反而有利于视力恢复；将矮个学生的座位垫高；让个子矮且相差不大的学生坐在中间，形成中部纵列，个子较高且相差不大的学生坐在两侧，形成两翼纵列。

#### 3.动态管理，定期适当地调整班级座位

座位编排需要随时调整，并注意间隔时间，通常每隔一个月调整一次比较适宜。调整时不仅要左右轮换，还要注意前后轮换，在此过程中一定要积极接纳学生的意见。

#### 4.人文管理，给学生搭配适合的小伙伴

学生座位排好后，要有计划性和实效性地调整学生座次、实行动态管理。根据学生的实际适时地重新排列组合、定期进行整体流动，以全面调整学生

的视听方位、扩大学生的交往面；学期中由于特殊原因需要进行个别调整的学生，必须由学生本人或家长写出申请、出具相关证明，如需调整，班主任应向全体学生说明情况（不得涉及学生个人隐私），提出调整意见，经领导小组审批后方可进行调整。

教师要通盘考虑学生的性格、性别、朋友圈、兴趣爱好、学习成绩等因素，既要注重学习上的优势互补，也要激励竞争；既要考虑学生性格特征，又要顾及课堂纪律因素，尤其不可忽视学生的个性特点。要尊重学生意愿，讲究民主方法，比如，可以让学生共同制定规则，促使学生当班级管理的主人，实现学生的自主管理和自我教育。

# 主题 26　我的笑话惹了祸

教师的根本职责是教书育人，学生来学校干什么，就是学做人，做学人。"孟母三迁"的故事告诉我们，学校环境对学生学习的重要性，我们不但要尽可能地为学生创造一个优美的校园环境，如良好的教学设施等硬件设施，还要尽可能地为学生创造良好的软件设施。

## 一、教育案例

大学毕业后，我来到了现在的初中任教体育学科。从参加工作的第一天开始，学校就反复教育教师要注意与学生保持良好的关系，但还是发生了一件不愉快的事情。

2016 年，我任教的一个班级有一名叫俞锦津的学生，长得胖嘟嘟的。因为太胖，所以体育是他的弱项，在体育课上，经常会闹些笑话。

这不，今天又有体育课了，是 4×100 米考试。

上课了，我先把同学们分成 8 组。考试开始了，同学们一个个都顺利地过了关。眼看就要轮到俞锦津这组了，我真替他捏把汗呢！可他呢，一副满不在乎的样子。终于轮到他了，随着哨子吹响，考试的同学都像离弦的箭向前冲去，只有俞锦津很慢。看着俞锦津这狼狈的样子，我鼓足了气替他加油："俞锦津，加油！俞锦津，加油！"他也似乎听到了我的呐喊声，憋足劲儿向前冲。

终于跑完了，这短短的几十秒钟，对于这个胖学生来说好像过了半个世纪。

唉，我这位胖学生！俞锦津气喘吁吁地走了过来，我迎上前去说道："小俞同学，该减肥了！跑起步像个大熊猫，真可爱！"听到这句话，学生立即委屈地哭了起来！看到这幅情景，我立即慌了神，忙说："老师和你开玩笑呢！你不胖！"听到这话，孩子哭得更厉害了，我怎么劝也不听。

第二天，俞锦津没有来学校上课，我心情忐忑不安。下午，我被校长约谈。一句笑话，打击了学生的自尊心，也给自己的工作带来了巨大的压力……

## 二、案例分析

教师与学生开玩笑，其实质就是没有很好地把握师生关系的这个度。认识和把握师生关系，我们首先要了解师生关系的特点。

### 1.教师与学生是教育者与被教育者的关系

这是与其他人际关系的区别，它是为了实现教学目标而实行的。这个性质决定了老师对学生要一视同仁，不能厚此薄彼。教育是国家和社会赋予我们的天职，学生来学校接受教育，我们不能因为他是智力有缺陷，或者身体某方面的残疾而歧视他、排斥他。影响班级学习成绩或者影响升学率等，不能成为排斥他的理由，我们没法决定学生的去留，这是学生拥有受教育的权利所决定的。

### 2.教师与学生有不同的职责和要求

教师的职责就是要考虑如何把学生教好，如何关爱学生，让学生能够在学习的路上健康成长。学生呢，他来学校向老师学习，不但希望老师教给他知识、技能，还希望从老师那里得到关爱，得到赏识。

### 3.教师与学生在生理和心理的发育上有所不同

学生还处于未成年人阶段，身体和心理尚在发育、社会生活经验少、人生阅历浅，在成长过程中难免会出现这样那样的问题。教师已经是成年人，思想成熟、生活经验丰富、阅历广，在看待和处理未成年人问题上，如果不站在学生的角度考虑，往往要求对方思想成熟，经验丰富，和自己在同一水平上，这就增加了解决问题的难度，甚至使问题矛盾冲突升级。

### 4.教师与学生在教学活动中的地位不同

教学活动中，教师是主导，学生是主体。教师的教学任务是引导学生掌握科学知识、技能，充分挖掘学生的各种潜能，培养学生形成科学的世界观、人生观和价值观。学生学习，要学些什么，怎么学，这得有老师的引导，正如学习机动车驾驶，教练会教我们驾车的知识、技能，教我们不能偏离轨道驾车行驶，否则就容易引发交通安全事故，这就是教练的主导作用。同样，在教学活动中，老师在哪些方面发挥主导作用呢？教学的方向、教学的内容、教学的方法和教学程序的组织和安排，都是由老师来设计和决定的，确保学生在学习方向的正确性、内容和方法的科学性、教学活动的有序性。学生的主体作用是什么，就是在教学活动中，老师通过激发调动学生学习的积极性和创造性，鼓励学生主动参与学习，让学生的学习观念"要我学"转变为"我要学"，从而使学生真正成为学习的主人。学生的主体作用是在老师的主导下体现的。教学活动是老师和学生双向互动的关系，是相辅相成的关系。理解了老师的主导作用和学生的主体地位，在教学活动中老师的行为就能避免一些盲目性和强迫性，提高教学的趣味性，这就为建立融洽的师生关系打下了良好的基础。

## 三、应对策略

教师是教育过程的组织者，在全部教育活动中起主导作用。从根本上说，良好的师生关系首先取决于教师的教育水平，取决于教师的文化知识、思想品德、教育技巧等职业素质。教师需要做到以下几方面。

### 1.了解和研究学生

教师可以通过观察、谈话，更全面地了解学生的思想、个性、兴趣、知识水平、学习态度和方法、身体状况等，以便更好地教育学生。

### 2.要树立正确的学生观

教师不再是传递知识的简单工具，或是供学生利用的资料库，教师应当是帮助学生在自学道路上迅速前进的向导，教会学生怎样学习。这是在教育过程中建立良好师生关系的思想基础。

### 3.要提高教师自身素质

教师的道德素养、知识素养和能力素养是学生尊重教师的重要条件，也是教师提高教育影响力的保证。

### 4.要发扬教育民主

教师对学生应一视同仁，特别是教师要能与学生心理换位，设身处地为学生着想，善于理解学生，这是解决师生之间矛盾的关键所在。

### 5.热爱、尊重学生，公平对待学生

每个学生都有自己独特的思想感情和需要，教师应牢固树立民主思想，热爱所有学生，尊重学生的人格，维护学生的合法权益，公正地处理问题，用更为宽容的态度去接纳学生的独特个性和行为表现，满足学生的合理需要。

### 6.主动与学生沟通，善于与学生交往

良好的师生关系是在交往中形成的，一般师生之间的联系与交往要经历四步：接触—亲近—共鸣—信赖。

### 7.正确处理师生矛盾

在教育教学过程中，师生之间难免发生矛盾。教师要善于驾驭自己的情绪，冷静全面地分析矛盾，正视自身的问题，敢于做自我批评，对学生的错误进行耐心的说服教育或必要的等待、解释等。

### 8.提高法制意识，保护学生的合法权利

教师法制意识淡薄，意识不到学生拥有神圣不可侵犯的权利，这是侵犯学生权利现象屡屡发生和广泛存在的内在原因。所以，教师一定要提高法制意识，明确师生的权利义务关系。同时，也要加强教育制度伦理建设，使师生之间的权利义务关系更加明晰并转化为具体的制度规定，切实保护学生的合法权利。

# 主题 27　三好学生该给谁

　　每个班主任都会遇到评选优秀班干部、三好学生之类的事情，这种事情怎么操作呢？秉公执法，按程序做无可非议，但有的时候，同事的孩子，朋友的朋友托关系、找路子……由此产生的一系列问题，可能会超出你的想象。

## 一、教育案例

　　一位家长由于孩子没有评上"三好学生"而生气，因为她认为孩子各方面都很优秀，这次期末考试成绩又是班上的前几名，不出意外，老师一定会给孩子一个"三好学生"证书。

　　但是，孩子并没有被评上"三好学生"，那几个获得"三好学生"证书的学生，成绩和表现并不如自己家的孩子。

　　孩子回家后心情不好，家长越想越气，忍不住在论坛里发帖，表达自己的不满。

　　平时就算了，关键是孩子读六年级，这张证书对于孩子来说很重要。后面上初中，如果择校读民办中学，学校要看六年级的证书，有一张市级的"三好学生"证书，在当地基本上就是一张名校"通行证"。同时，进了初中，分班、选班干时，这张证书也会发挥相应的作用。想到这一系列的影响，也难怪家长心里对老师不满。

　　以下是家长的发帖内容。

　　我儿子读六年级，成绩一直不错，每年学校举行的语数能力竞赛都能获得优胜奖，数学期末考每学期都得 100 分，可为什么一次都没评上三好学生。这次期末考试后，我叫他把同学的成绩拿回来（就是那个年年被评为三好学生的那个）比较了一下，我儿子数学 100 分（全班只有 2 个 100 分）、语文 94.5 分、英语 100 分，那个同学数学 96 分、语文 91.5 分、英语几分不知道，反正不是 100 分。可他又是三好学生，我儿子却只得了个"环保小卫士"这个荣誉称号，是不是很可笑？每年都这样，他每次问我："妈妈，为什么我考得比别人好，却没有奖状呢?"我只有安慰他说，"儿子，奖状没有就算了，三好学生的评价标准不是只要成绩好就行的，要全面发展，继续努力吧。"可这次又是这样，我想打电话给他们班主任，儿子不让，说评三好学生是老师按照上学期来的，上学期是哪几个，这学期还是哪几个。难道这就是标准? 还是人家送了红包，我们没送? 每次过年的时候，亲戚朋友都要问，儿子心里总是不好受，最起码这样的成绩给个学习积极分子也好。算是鼓励鼓励他也好。

## 二、案例分析

这个案例比较典型，牵扯到评选"三好学生"的标准问题。很多家长认为，学习成绩好就可以了，就应该被评为"三好学生"。这也是社会上一个很有代表性的片面的认识。

"三好学生"是学校给予被评选出来的优秀学生的一种荣誉称号，"三好"成为学生追求的目标和荣誉，也成为"好孩子、好学生"的同义词。各个地区的"三好学生"评选标准略有不同，但大体遵循的还是"思想品德好、学习好、身体好"三个标准。

人的全面发展理论是教育目的最基本的理论基础。古今中外，只要是真正的和正常的教育，无一不是以促进人的全面、和谐发展为其出发点和归宿的。人的全面的发展，要求我们的教育必须是全面发展的教育，也就是德育、智育、体育、美育、劳动技术教育全面发展的教育。所以，"三好"的标准包含了"德、智、体、美、劳"全面发展。

培养什么人，是教育的首要问题。我们的教育必须把培养社会主义建设者和接班人作为根本任务，培养一代又一代拥护中国共产党领导和我国社会主义制度、立志为中国特色社会主义奋斗终身的有用人才。这是教育工作的根本任务，也是教育现代化的方向目标。

培养"德、智、体、美、劳"全面发展的社会主义建设者和接班人，要在坚定理想信念上下功夫，教育引导学生树立共产主义远大理想和中国特色社会主义共同理想，增强学生的中国特色社会主义道路自信、理论自信、制度自信、文化自信，立志肩负起民族复兴的时代重任。

要在厚植爱国主义情怀上下功夫，让爱国主义精神在学生心中牢牢扎根，教育引导学生热爱和拥护中国共产党，立志听党话、跟党走，立志扎根人民、奉献国家。

要在加强品德修养上下功夫，教育引导学生培育和践行社会主义核心价值观，踏踏实实修好品德，成为有大爱大德大情怀的人。

要在增长知识见识上下功夫，教育引导学生珍惜学习时光，心无旁骛求知问学，增长见识，丰富学识，沿着求真理、悟道理、明事理的方向前进。

要在培养奋斗精神上下功夫，教育引导学生树立高远志向，历练敢于担当、不懈奋斗的精神，具有勇于奋斗的精神状态、乐观向上的人生态度，做到刚健有为、自强不息。

要在增强综合素质上下功夫，教育引导学生培养综合能力，培养创新思维。要树立健康第一的教育理念，开齐开足体育课，帮助学生在体育锻炼中享受乐趣、增强体质、健全人格、锤炼意志。要全面加强和改进学校美育，坚持以美育人、以文化人，提高学生审美和人文素养。

要在学生中弘扬劳动精神，教育引导学生崇尚劳动、尊重劳动，懂得劳动最光荣、劳动最崇高、劳动最伟大、劳动最美丽的道理，长大后能够辛勤劳动、诚实劳动、创造性劳动。

## 三、应对策略

评选班级的三好学生可以让全面发展的学生起到表率作用，促进学生互相学习，共同进步，形成良好的班风。那么如何评选班级的三好学生呢？

首先，评选三好学生要能起到模范带头作用，符合身心健康、品德高尚、习惯良好、成绩优秀四个标准。

其次，要广泛听取任课老师和同学们的意见，多方了解学生的日常表现，实事求是地进行评选。

综合任课老师与学生们的意见后进行候选人提名，最终再由学生投票进行民主选举，按得票数确定三好学生人选。

坚持以全面发展作为评选三好学生的标准，防止只以学习成绩论三好。

除了要表扬一贯表现优秀的学生外，还要关注进步快的学生，提名有显著进步的学生为三好学生，鼓励全体学生努力上进。

发掘学生身上的闪光点，关注每一位学生的成长，公正无私地对待每一个孩子。对于大多数不能评选为三好学生的学生，通过各种评选活动，帮助他们找到成长中的自信。

【三好学生评选条件】

（一）品德高尚，习惯良好

1.遵守《学生守则》和《学生行为规范》。

2.尊敬师长、关心他人、言行文明、与人为善。

3.热爱班集体，有强烈的班级荣誉感，并能为班级作贡献。

4.自律意识强，遵守级部、班级常规要求。

（二）成绩优良，特长突出

1.成绩优良：学科素养成绩好，按时保质完成各科教师布置的作业，考试成绩优秀，各学科总评为"三星级小名士"以上。

2.特长突出：学习认真刻苦，所学特长有较大进步，学期测评获得 B 等以上。

（三）热爱运动，身体健康

1.认真做好"两操"，积极参加体育活动，积极锻炼身体。

2.认真上好体育课，无逃课、旷课现象。

3.各项体质状况达到《国家体质健康标准》良好以上等级。

4.视力水平稳定，学期末视力不能低于学期初健康档案度数。

5.有一项体育方面的爱好、特长，成绩突出。

**【评选过程】**

1.由班主任老师审查学生学科素养状况，全部学科必须达到良好。

2.有特长爱好，并得到特长辅导老师推荐。

3.体育锻炼达到国家规定的良好或良好以上标准，视力水平稳定。

4.民主推荐超过半数。

5.班主任写出品德鉴定，《三好学生推荐表》及考试成绩于安排时间报学校教务处审核。

**【注意事项】**

1.班主任在评选之前，要根据条件对全体同学逐一考评，定出候选人名单，然后再根据民主集中制原则评出本班三好学生及优秀学生干部。

2.要坚持德、智、体、美、劳全面发展，防止以学习好代替其他三好，对其他三好降低标准。

3.评选工作要实事求是地按标准进行，既不过严过苛，也不能盲目追求数量，特别是要防止弄虚作假等不正之风，切实保证三好学生的质量。

# 主题 28 寻衅滋事的小团伙

很多教师习惯性地将小团体从班级中剥离出来，集中火力猛攻，以求速战速决。其实这无形中已经给他们贴上了"刺儿头"的标签，他们反而容易产生对立情绪：我就是叛逆，来啊，互相伤害啊。

## 一、教育案例

前几天，我在班级管理中遇到一个棘手的问题。班上出现了一个"三人组天团"，其实就是违纪小团体。经常搅得班上鸡犬不宁，给刚当班主任的我带来不小的挑战。

团体的首领是一个个子不高却爱坐在后排的王姓男生。学习不怎么样，在团体里却是意见领袖，很有号召力。

其他几个人，学习也都处于班级后几名，是平时不受老师待见，老师也不敢管的学生。

尽管我特意把他们几个分开安排座位，一下课他们还是会凑在一起，或窃窃私语，或吵闹不停。

他们几个就像一串鞭炮，别人一点就爆炸，经常打架，合伙欺负人。

最痛心的是，我想拉他们一把，劝他们改正时，他们公然顶嘴、起哄，以激怒老师为乐。

课堂外他们也是一起行事，在校园内仿佛偶像男团，甚至连鞋都穿同款。他们强烈的存在感甚至引得班里其他同学想入团。

对这个"刺儿头"团体，很多老师选择敬而远之，不惹他们，不打扰他们。我本想置之不理，但事与愿违，事情就发生在我的课堂上。某天早读课前5分钟，我照常到班级，发现好多位置是空的，难道还没到校？正觉得奇怪呢，班长过来告诉我，那些人在车库呢。我来到车库，角落里，一帮学生悠闲地靠在墙上，谈笑风生，其中就有成天黏糊在一起的"二王一刘"。我问他们为什么不去教室，为什么学会了抽烟。王某回答："心里不高兴，不想上早读课。"我竟一时不知如何应对他们，虽然做了好几年的老师，但这种"罢课"事件还是头一次遇到。而这时我也才意识到问题的严重性，"小团伙"已经联合在了一起，对班级的学习氛围起到了严重的破坏作用。而导致今天这种状况的原因就是我没有及时关注他们，漠视他们的存在，任其自由发展。联想到任课老师的"告状"，有这么一帮人在里面搅和，班上怎能安稳？

遇上这样的学生，我该怎么办？

## 二、案例分析

班主任的工作对象是有思想、有自尊心的学生。要做好班级工作，必须从了解和研究学生着手。粗暴地强行拆散"团伙成员"，只会让他们背地里更加团结，甚至联合其他同学跟老师作对。

这起"罢课"事件主要发起者是班里关系最铁的"二王一刘"。其他的参与人员也就是仗着人多，想着法不责众，跟着起哄去的。

经了解，这个"小团伙"七年级就存在了，班级的许多问题都跟他们有关系。仔细分析这个组织，小王头脑反应快，学习较好，但由于是家里的几代单传，从小受宠，学习习惯很差，虽然成绩不错，但无上进心。大王和刘某成绩中下，二人的父母都忙于生意，很少过问他们，外出进货时，他们就单独留守。他们的共性是：迷恋网络游戏，严重影响学习；在班里有号召力；行为懒散，逆反心理强。很显然，这个"团伙"的存在不利于班级建设，他们的行为对班级的稳定有极大的破坏力，一些思想不坚定的学生很容易向他们倾斜。是什么原因让他们变成这样？原因来自各方面。

### 1.自身因素

问题学生一般自主管理能力较差，学习上有困难或对学习缺乏兴趣，但对学习以外的事（如网络游戏）兴趣很高，很少主动接受老师、家长的劝告。

### 2.家庭因素

家长的不良行为、意识，会对子女产生负面影响。小王虽说一直有父母陪在身边，但父母只知道满足其物质需求，不知道他在想什么。爷爷奶奶一味地宠他，甚至对父母偶尔的管教也加以干涉。大王和刘某属于被遗忘的角色，父母整天忙于生意，无暇顾及他们，接到老师告状之后经常是一顿臭骂。偶尔父母在家，跟他们聊的多是在外做生意有多辛苦，全是为了他们之类的，让他们很反感。缺少家庭温暖和家长的关注，让他们经常凑在一起聊天、玩乐、同进同出。

### 3.教师因素

绝大多数所谓"差生"都被老师挫伤过自尊心。偶发事件后老师的误解、学习不好、老师的歧视，都促使他们消沉、颓废。"二王一刘"经常由于作业没完成、默写不过关、上课违反纪律等被老师批评，在一些老师眼中他们是无药可救的差生，渐渐地，他们走上了与老师、班级对抗的道路。

### 4.社会因素

社会的一些不良现象会使问题学生的心理发生倾斜。刘某曾因跟着社会上的一些小混混去敲诈本校的学生而受到处分。学校周边的网吧是他们沉迷其中不能自拔的地方。大王为了能上网，从家里骗来了伙食费，等到老师发现的时候，他已经近两个月没有吃过午饭了。

通过了解与分析，我觉得不应该把他们定性为"坏"孩子，他们极少在社会上惹事，只是行为习惯差，不爱学习，得不到老师、家长的关心和肯定，因而产生了厌学、抵触、对立情绪。

## 三、应对策略

那么面对班级里的消极小团体，作为教师该如何引导呢？听听一些过来人的支招。不要因为他们难搞，就把他们区别对待。

### 1.对"小团伙"的态度要正视

没有人天生是恶人，也没有人天生想成为坏人。这些"问题学生"往往是由不良环境造成的，也是父母和老师教育不当的结果。班主任首先要正视、承认"小团伙"的存在，仔细分析其形成的原因，有的放矢，正确疏导，要接近这些"团伙"成员，建立感情，引导其发挥正面作用；忽视，或者不经任何调查研究的强行拆散，不仅不能限制它的消极作用，反而会引起对立情绪，形成更大的对抗力量。

班主任要注意说话的态度。这些学生经常会做出让我们很恼火的事，我们要善于控制自己的情绪，切忌动辄发火，对"团伙成员"说话要针对他们的心理特点，千万不能为泄一时之愤，伤害他们的自尊。要是他们因为言语冲突而与班主任产生对立情绪后，再想跟他们交流几乎是不可能的事。班主任心里要时刻记着，"无论多坏的人都有他的感情薄弱点，更何况这些同学并不是坏，只是自控力稍差了些"，这样去想问题，我们激动的情绪就会缓和不少。

**2.管理"小团伙"的方法**

（1）班主任应提高自身的素质。

班主任不仅要有广博的文化知识，还要在思想和行为上成为学生的榜样；坚持科学、公正、公开的原则，班级管理民主化，并时刻反省自己的工作方法有无问题。

（2）注意做好"小团伙""核心"人物的工作。

争取了"核心"人物，也就争取了"小团伙"。经常进行思想攻势，施加积极影响，可以有效防止"小团伙"的质变、恶化。但班主任必须谨记：争取工作要有原则，不能为获取"核心"人物的信任而牺牲原则，姑息迁就他们，更不能仅仅为与"小团伙"建立"友好"关系而放弃对其他学生的正面教育。

（3）加强对整个班级的精神教育。

班级要有正确的舆论导向，要形成正气，不能任由歪风邪气滋长。要让全体同学明白，班级是我们共同的家，任何损坏班集体荣誉的人和事都是应该受到指责的。只有全体同学形成了正确的"信仰"，才会反对"小团伙"破坏班集体的做法，并有人能勇敢地站出来指正，这样，班级才能形成真正的凝聚力。

（4）利用兴趣将班级与团体黏合起来。

"小团伙"往往有相同的兴趣、爱好，教师平时应注意观察，根据该"小团伙"的兴趣来开一次主题班会。让这个"小团伙"来负责整个活动的策划。根据实际情况，把一些工作安排交由"小团伙"学生去完成，编小报、研究性学习、各类比赛等，发挥他们的群体优势。调动起学生的积极性，教师要确保活动的顺利开展。在活动后，通过集体谈话等方式，引发成员们的思考，触动他们的心灵，增强班级归属感。

总之，班级中"小团伙"的存在是客观的，是合乎青少年身心发展规律的。班主任要运用智慧，不动声色地将它们瓦解，或合理利用他们的积极方面，因势利导，使"小团伙"不再游离于班集体之外，而是心甘情愿地融进班集体，成为推动集体进步的有生力量。

# 主题 29　我给学生贴"标签"

教师眼中的问题生有时候会永远被戴上"问题"的帽子，班上一有风吹草动，他们就是被怀疑的对象。难道这些学生一些细微的进步就不是进步吗？作为一名合格的教师，不能戴着"有色眼镜"看待他们，在教学中要善于发现每个学生的闪光点，客观公正地对待每一个学生。

## 一、教育案例

人的思维难道也像物理学定律一样，具有惯性吗？如果没有，今天发生的事又说明了什么？

中午吃饭时，发现一位四年级学生走路时颤颤巍巍，老师们都关心地问，你怎么了。那位学生小声答道："上午第三堂课间被一位六年级学生踢了，腿有些痛。""知道是谁踢的吗？"老师们异口同声。孩子说不知道他叫什么，但他穿着一件蓝色上衣。

一说是六年级学生，并且穿着一件蓝上衣，老师都猜测是我们班肖志芳干的，我也感觉是。因为这孩子虽然前些日子写了保证书，虽然课堂纪律有进步，但小打小闹的毛病没有间断过，上周五还被一位五年级学生家长找到家里闹事呢！并且，他今天就穿着一件天蓝色上衣。我想，这件事非他莫属了。唉，你什么时候能让我省省心呢？

下午一进校，我便把他叫到办公室了解情况。

"你上午第三堂课间去厕所了吗？"

"去了！"

"有没有和一位学生发生冲突？"

"没有！"

"那有没有和四年级的一位同学有过身体上的接触？"

"没有！"

我心想，你是不到黄河心不死、不见棺材不落泪呀！便厉声说道："今天的事你可闹大了，四年级的那个孩子腿痛得不能走路了，全校都在追查这件事呢，你是不是要给人家一个交代？"

他说："今天我没有踢别人，真的没有。"我看问不出什么来，便让他回到了教室。

只见他坐到座位上，头上冒着汗，叫住其中的一位男生便问："今天课间我踢过别人吗？"见我进去了，他便不作声，呆坐在那里。

一会儿，学校的主任把他传唤走了，结果，他低着头回来了。

主任给我说，肖志芳同学拒不承认。

一会儿，学校的安全校长又来了，肖志芳同学又被传唤走了，结果，他还是低着头回来了。

安全校长说，明天通知他家长来。

一个下午，肖志芳都呆呆地坐在座位上，一动不动，不看书、不扭头、不说话，有时趴在桌子上，从书缝间偷偷地看看我。教他一个多月了，他可没像今天这么老实过。我想，是不是今天我们都冤枉他了？我心里有些不安。

放学了，五年级班主任跑到我们办公室来，说："你们冤枉肖志芳同学了，是我们班一位同学干的，四年级那个孩子记错了，踢他的人不穿蓝色衣服。"

突然，一种说不出的滋味涌上心头，是高兴，是难过，抑或是悲哀呢？也许是高兴，因为不是我们班肖志芳同学干的；也许是难过，为什么我首先要怀疑肖志芳？也许是悲哀，为什么几个老师同时都怀疑肖志芳？难道这就是教师的智慧吗？

明天，我该如何面对这位同学呢？又该如何给他修复受伤的心灵呢？但今天我想说一句："老师们，请不要戴着有色眼镜看待任何一位学生！"

## 二、案例分析

教师眼中的问题生难道永远戴上了"问题"的帽子了吗？为什么班上一有风吹草动，他们就是被怀疑的对象呢？我为什么也人云亦云，不相信自己的学生呢？难道他一些细微的进步就不是进步吗？唉，难过，为自己，也为学生！

美国心理学家贝科尔认为："人们一旦被贴上某种标签，就会成为标签所标定的人。"第二次世界大战期间，美国心理学家在招募的一批行为不良、纪律散漫、不听指挥的新士兵中做了如下实验：让他们每人每月向家人写一封说自己在前线如何遵守纪律、听从指挥、奋勇杀敌、立功受奖等内容的信。结果，半年后这些士兵发生了很大的变化，他们真的像信上所说的那样去努力了。这种现象在心理学上被称为标签效应。

心理学认为，之所以会出现"标签效应"，主要是因为"标签"具有定性导向的作用，无论是"好"是"坏"，它对一个人的"个性意识的自我认同"都有强烈的影响作用。给一个人"贴标签"的结果，往往是使其向"标签"所预示的方向发展。

班主任在与学生的长期接触与管理过程中，也极易产生标签效应，给一些学生主观地贴上不良"标签"。这时班主任在处理问题时早已被先入为主的臆断想法霸占了应有的理性分析，出现的结果往往考虑不周全，这对学生是不公平的，甚至会深深地伤害到学生。

时势在变，教育在变，学生也在变，班主任一定要走在时代的前面，绝对不可用固定老化的教育理念和思维，单方面地捆绑学生甚至"看扁"学生。班主任若戴着"有色眼镜"看学生，看到的学生肯定已失去了自我的"本色"。

班主任教师摘下"有色眼镜"，看到的学生会更加真实、更加亲切，更容易察觉他们身上被遮掩着的多方面优势。班主任一定要树立正确的学生观，学生都是可教育、可塑造的，只是过程、方式不同，教育效果也会不同。所以，当学生犯错时，班主任绝对不可太过冲动。可能由于教师急躁的情绪或一时不冷静说出的过火话语，会严重伤害学生的自尊心，使他们失去努力改正缺点的勇气和信心，严重抑制学生的主体性。批评应就事论事，不要翻旧账，让错误永远跟随学生，他们肯定会有消极逆反的心理。所以，班主任一定不能用一成不变的老眼光看学生，而应用发展的眼光，注意学生取得的每一点进步，善于捕捉他们身上的每一处闪光点。

心理学家普遍认为，"爱是教育好学生的前提"。作为教师，要以学生为本，尊重爱护每位学生。班主任最好的教育方式，肯定是对学生发自内心的公平的爱。

教育无疑是启迪心灵的一门艺术。教育学生，首先要与学生建立一座心灵相通的爱心桥梁，这样师生间的沟通才会顺畅无阻，教师给予学生的知识与能量，才能及时有效地输送到位，而学生的各种表现与成长也会全方位地进行反馈、回复。教师看到的是全面真切的学生，学生亦能真切地感受到教师无限的关心与爱意。学生与教师心意相通，相互珍重，这应该是教育的最高境界。我们教师，尤其是班主任，更应摘掉"有色眼镜"，抛弃一切主观臆断，用真心真爱、温暖行动，化解一切困难与冷漠，拉近师生心灵间的距离，让生命之花在灿烂的阳光下多姿多彩地绽放。

### 三、应对策略

教育是一种人与人互动的社会活动，因此在教育过程中存在多种社会心理学现象，如果这些现象得到有效利用，对教育活动的展开将有巨大的促进作用，反之则会阻碍教育活动的展开，甚至导致教育的失败。我们一定要避免教育中的"标签效应"。

有的教师对学生期望值太高，而孩子却反应迟钝，思维能力较差，学习成绩总是不尽如人意，为此常受到老师的斥责，父母也称自己的孩子是"大笨蛋""不是读书的料"，时间长了，孩子便会产生自己确实不行的感受，自信心也就越来越弱，学习成绩也就越来越糟，最后，任意放纵，破罐子破摔。"标签效应"就是一种期待效应和暗示效应，明确了其内涵，我们就可以重视其对教育的启示。

#### 1.提倡以正面教育为主

针对心理学中的这种"标签效应"，千万不要对一时有缺点和不良行为的孩子进行经常性贬低和训斥，从而不自觉地给孩子贴上一枚"黑标签"，以至于误导孩子向不良方向发展，最终使"黑标签"变成了谁也不愿意接受的事实。相反，做教师的要尽可能地去寻找孩子身上的"闪光点"，给予及时的、大张旗鼓的表扬，也就是有意识地给孩子贴上一枚"红标签"，这也是常说的一句话："对于孩子要多表扬，少批评，表扬要在课堂上，批评要在办公室里。"这样做的目的就是使学生常常认识到自己身上的优点、长处，意识到自己按"好标签"去要求自己、约束自己。久而久之，这枚"红标签"便强化了好行为，淡化了坏行为，"坏孩子"和"落后分子"也就成了"好孩子"和"积极分子"了。

#### 2.学校教育与家庭教育相统一

不仅在学校教育中会出现"标签效应"，在家庭教育中同样也会出现此效应，而且情况更为严重。在家庭中由于家长望子成龙、望女成凤的心情，对于孩子的教育常常出现过急的现象，孩子出现了一点小问题，就被放大，从而给孩子贴上了"黑标签"。而在学校教育中，教师相对于家长有更多教育学、心理学知识，更能给孩子以正面的教育。可一面是反面教育，另一面是正面教育，这使孩子处于矛盾境地，他们也搞不清自己到底是什么样的人。这不仅不利于孩子向正面发展，还可能让孩子失去自我统一性，从而贴上更"黑"的标签。因此，学校教育和家庭教育必须统一，让孩子在不同的场合都能获得相同的"红标签"。此外学校教育和家庭教育的统一，使孩子的"红标签"得到强化，收到好的效果。

### 3.应该提供一个正确的舆论导向

社会教育是教育系统的一个重要组成部分，学校教育和家庭教育的顺利展开，有赖于社会教育的支持。应该给社会教育提供一个正确的舆论导向，让人们可以用发展的眼光看待每一个学生。对待"问题学生"，我们非但不可歧视，更要多一分关注和爱心，客观公正地对待他们，一碗水端平，才能激发他们前进的动力，树立上进的信心。只要教师做到因势利导、循循善诱、耐心引导，一定会收到理想的效果。老师，请摘下自己的有色眼镜，用赏识的眼光去对待那些可爱的学生吧。当我们看到一个个"问题学生"在我们的引导与呵护下，走出了泥潭、冲破了阴霾，重新焕发生命的光彩时，心中涌起的是一种幸福感，一个教师的职业生命也因此而精彩。

任何一种教育的成功，都有赖于学校教育、家庭教育和社会教育的有机结合，想利用"标签效应"对教育产生促进作用，同样也离不开这三个方面。

# 主题 30　面对诱惑怎么办

蓬勃发展的中国社会，教育受到重视，教师受到尊重。然而，代表奉献、责任、爱心的教师职业，也面临着"人情世故"的诱惑。在物欲横流的世俗社会里，面对诱惑，怎么办？李嘉诚说，人的价值，在遭受诱惑的一瞬间被决定。

## 一、教育案例

早上，小勇的母亲在离学校不远的路口叫住了我，递给我一个方便袋，满脸微笑地对我说："朱老师，我家小勇说你很关心他，经常在下课以后辅导他做作业。这是为你孩子织的毛衣，不知道颜色行不行？"小勇的父母离异，母亲在一家工厂上班，工资不高。

望着这位穿着蓝色工作服的母亲，我赶紧说："关心学生是老师应该做的，你这样就不对了。"明显地，她的脸色不自然了，但还是满脸堆笑，说："你看，我只想表达感谢，是有点拿不出手，也不知道你的孩子穿着是否合适。"说完就把袋子往我的车篓里放。

我一把抓住她的手，准备往外推，但她那粗糙的手一下触动了我，于是，我不再推托，说道："好吧，谢谢你了。但是下次绝对不要这样了，否则就是不把我当成老师看。"她连连说好，急匆匆地走了。

晚上，刚出校门不远，一辆轿车在我身边停了下来。车内走出一位气度不凡的妇女，对我说："朱老师，我是诗雅的母亲，一直想找机会认识你。"诗雅的父亲是某局领导，母亲开着两家公司、一个浴场。她拿出一沓花花绿绿的票子往我手里塞，说："感谢你对我们诗雅的关心，这学期她听话多了。这是我家浴场的澡票，请你帮我带给几位老师，还有几张购物券给你的孩子买点零食。"

我把她的手推了回去，说："你的心意我领了，我们都想把诗雅教育好，但是你这样做会影响我对她的教育。"她笑着说："朱老师，是李校长推荐诗雅到你的班级的，他说你很讲原则。这些澡票是自家的，是我们的心意。"我说："好吧，澡票我可以留下，别的就不需要了。"她见我态度坚决，也就没有坚持，又说："下星期我想请老师们坐坐，到时候还请你们赏光啊。"我连忙表示一定会把她的心意转达给大家，具体情况到时候再说。

我没有直接回家，先到书店为诗雅买了几本少年读物，接着去商场为小勇买了一件上衣。路过化妆品柜台我迟疑了一下：是否要买两套化妆品给儿子的幼儿园老师？这么多家长在送礼，如果我不送，儿子会不会吃亏呢？

## 二、案例分析

教师，要时刻记得，你的一举一动都将左右和影响你的学生，不要破坏你在他们心目中的形象。在市场经济大潮的冲击下，教师队伍中有人利欲熏心，忘了自己的身份。但愿我们在某些社会"潜规则"面前，能勇于向拜金主义说"拜拜"。

家长请客送礼的危害是深远的，不仅干扰了学校正常的工作秩序，更动摇了学校公正、公平的道德底线。本该科学、平等的一些基本原则在学校难以实现。因为受礼吃请，学校领导照顾某生进入"好班"，班主任为某生调到好座位，科任教师为某生专门辅导，这些会使得学生的受教育权利出现不均衡。这种社会"潜规则"渗入学校，会影响学生的心灵，致使学生形成不健康的优越感或自卑感，并对认识社会、价值观和人生观的形成造成负面影响。为了寻求平等或优越感，家长争先恐后请客送礼，给那些并不富裕的学生家长造成经济负担。学校和教师的社会形象受到损毁。有的教师吃惯拿惯，甚至发展到向家长索要礼物的程度，严重违背了教师的职业道德。

教师收礼，使教育更加功利化，让社会失去了一块净土，城市的喧嚣传染了育人者。教师收受礼物，具有以下危害性。

### 1.违背教师的职业道德

教师队伍一旦被金钱所污染将贻害无穷。很多学生和家长以物质礼物的多少去影响和衡量老师对自己孩子的教育和关注度，就会使教师的价值观念发生改变。如果收礼风气盛行，教师队伍就会发生质变，这是极其危险的。国家设立教师节是为了尊师重教，而不是给教师创造收礼的机会。

### 2.侵蚀了学生的思想品德

让学生从小就学会用金钱和物质交换非法利益的行为。中小学生正处于身心发育的关键阶段，其思想品德的发育并不成熟，模仿力极强，判断是非的能力极差。如果他们过早地涉足人与人之间的送礼关系，就会认为求人办事送礼是天经地义的事情，就会把这种人与人之间的交换关系视为合法行为。这种思想意识一旦在少儿阶段形成，将终生很难改变。如果让他们再继承一些非主流的不良人际关系、思想和灰色道德观念，那么中华民族的未来就可能发生令我们无法接受的恶变，这个危害如果现在不予重视，我们这一代人就将成为历史的罪人。

### 3.破坏了教育的公平和公正性

偏爱教育的最终结果是导致学生的不良发展。"拿人手短，吃人嘴软。"教师收礼之后，就会产生心理变化，就会对送礼的学生格外关照。心理学的"皮格马利翁效应"说明：老师对学生关爱之后能够产生特殊的教育影响。老师如能够普遍地对待每一个学生，这种"皮格马利翁效应"将产生普遍效应，如果老师仅对送礼的学生施加"皮格马利翁效应"，则会使学生的集体教育出现不公平。不公平的教育结果不仅会造成学生集体中人际关系的复杂化，同样也会使一部分学生失去了公平教育的机会，而受到偏爱的学生最终也不会获得预期的发展。

### 4.败坏了社会风气，催生了教育腐败

教师自古以来就受世人所尊重，并被视为是社会道德的典范。眼下教师

的社会形象已经严重下降，其主要原因是教师收礼现象所造成的后果。"礼尚往来""来而不往非礼也"的儒家思想在中国有较长时间的影响，但礼仪文化也必须接受社会道德和法律的约束。眼下教师收礼的普遍性已经极大地败坏了社会风气。允许教师收礼，就会使人们感到连过去那么纯洁的教师都可以公开收礼，还有什么人不可以收礼呢？还有什么事情不可以送礼呢？受益于送礼，权力就会越收礼越大，老师就会利用收礼而迅速富裕，同时社会风气就会日益下滑。当有一天我们需要重建社会道德和教师职业道德的时候，将积重难返。

### 三、应对策略

苏格拉底说："未经省察的人生没有价值。"教师在学生眼中是知识和真理的化身，是道德和品质的偶像。教师的一举一动、一言一行都会对学生产生潜移默化的影响。因此，作为教师就应该严守教师职业道德规范，守住自己的师德底线，做到为人师表，廉洁从教，以自己的高尚品德和聪明才智，教书育人，将自己的美好形象永远留在学生的心中。一个新时代的教师，该怎么做才可以远离喧嚣的闹市，提高抵制诱惑的能力呢？

#### 1.要做到公正公平，廉洁从教

绝对不能因为学生的差异而出现教育的差异。值得肯定的是，每一个学生性别、智能、家庭状况等都是有差异的，我们在教育过程中，必须考虑到这些差异，以便能因材施教，但更重要的是我们要明确，我们同时面对的是一个个独立的个体，他们都是我们的学生，都应该得到我们应有的关怀和教育，这一点是没有差异的。用孔夫子的话来说叫作"有教无类"。教师从教的公正性，充分反映了教师人格的崇高性。具体体现在对每一个学生都能给予全心全意的关注，尤其是体现在对待后进生、学困生的转化问题上。如果教师能做到把别人的孩子都看作是自己的孩子来教育培养，又有什么学生不能培养好呢？

#### 2.要做到爱岗敬业，无私奉献

绝对不能把学生当作自己课后家教与谋取私利的工具。现在是市场经济，有需要就会有市场。有付出就应该有回报。教师在工作之余或节假日，为别人的孩子进行个别辅导，付出了时间、精力和智慧，因此，他们得到家长一些物质或金钱上的回报，看起来似乎是天经地义、无可厚非的，但是静下心来仔细地想想，这样做确实损害了我们教师的职业形象。教师的神圣职责就是教书育人，它要求教师应全身心地投入到教育教学工作中去，全心全意地教育好每一个学生。学生在学校没有掌握好你所教的知识和技能，你完全有责任和义务让他掌握，这其中自然也包括对部分学生的培优补差。这本来就是教师应该做的分内之事，如果把这分内之事当作分外之事来做，还要学生家长多掏腰包，为人师表的你如何能够自圆其说呢？教育部制定的《中小学教师职业道德规范》中明确提出：教师要"坚守高尚情操，发扬奉献精神，自觉抵制社会不良风气影响。不利用职权谋求私利"。教育工作是一种特殊的工作，它不能完全地以 7 小时或者 8 小时坐班来衡量其工作量，因此也决定教师必须具备应有的爱岗敬业和无私奉献精神。

### 3.要做到洁身自好，廉洁自律

绝对不能去爱慕虚荣，攀比富贵。教师的职业神圣而光荣，担负着培育下一代的艰巨任务，教师的人格对学生的学习、生活、为人、处事等诸多方面都具有潜移默化的熏陶作用，会直接地影响学生身心的发展。教师只有洁身自好、廉洁从教，自觉抵制社会上种种不良风气的负面影响，不贪图享受，不奢求富贵，知足常乐，尤其是应该把为国家培养出更多更好的人才当作自己事业的成功和生活的快乐，才能真正做到爱岗敬业，真正为人师表。这样，我们教师也能在教育培养学生的同时提升自己，让自己的品德和情操得到升华。

### 4.要做到依法治校，为师德划出底线

奖励与惩罚并重，对优秀教师要大力表彰奖励，对越过师德底线的违纪教师则必须坚决严惩，情节严重者必须清理出教师队伍，绝对不能姑息迁就。教育部今年将出台教师师德考核评价规定，为师德画出"红线"，越线教师将受到严惩。这或许能从制度和机制上督促教师守住师德底线。

有副对联写得好："倡廉戒奢担道义，爱生敬业献丹心。"为了给学生树立起人生的榜样，真正做到为人师表，言传身教，让我们从现在做起，从自我做起，理直气壮地守住我们的师德底线，我们要用廉洁文化来净化校园，为实现中华民族的伟大复兴，为实现我们共同的中国梦，尽心尽责地培育好未来的建设者和接班人，撑起我们傲岸的脊梁！

# 后 记

　　在编写本书的过程中，编者借鉴和参考了国内外一些知名专家的著作和研究成果，引用了一些教师的案例和博客文章，在此向所有专家、教师致以衷心的感谢！受沟通渠道所限，我们未能与所有作者都取得联系，敬请相关作者与我们联系，我们的电子邮箱为：taolishuxi@126.com。

编　者